世界一やさしい

ビットコインの授業

株式会社フィンテックパートナーズ代表取締役
藤田篤示 Atsushi Fujita

産学社

はじめに

本書を手に取っていただき、ありがとうございます。


「**ビットコインって、価値が上がるらしい**」

「**あの人がビットコインを買って大儲けしたらしい**」

「**ビックカメラがビットコイン決済を導入したらしい**」


今、こうした形でビットコインが話題になっています。

少し個人的な話をさせていただくと、私は2016年11月にビットコインへの投資を始め、当時から比べると、**その資産は10倍以上**になりました。

しかし、一方で次のような**マイナスな捉え方**をする方もたくさんいらっしゃいます。


「**ビットコインって、昔、取引所が破綻してニュースになっていたよね？**」

「ビットコインなんて、バブルが起きているだけだよ」
「ひょっとしたら、ビットコインはヤバいんじゃないか……」

２０１７年７月末に１ＢＴＣ＝30万円前後（ビットコインの単位はＢＴＣで表します）で推移していたビットコインの相場は、８月中に一時、１ＢＴＣ＝50万円を突破するまでに上昇しました。

今、良くも悪くも話題になっているビットコインに、いったい何が起こっているのでしょうか？

ビットコインの現状を正確に把握している人は、おそらく少ないのではないかと思います。

では、**なぜ、あなたは現状を正確に把握できないのでしょうか？**

それは、やはり**メディアの責任が大きい**と思います。

例えば、「ビットコインについて知りたい」と思い、書籍や新聞を読んでみても、**難解な専門用語や技術的な話のオンパレード……**。

前提知識のない人が読んでも、おそらくほとんどの方が理解できないのではないでしょうか？

次の記事はロイター通信が２０１７年７月31日に配信したものです。
あなたはこの記事を読んで、いったいどの程度理解できるでしょうか？
全く理解できなくてもかまいませんので、まずは次の記事を読んでみてください。

仮想通貨ビットコインが分裂か、中核技術に新規格の可能性

仮想通貨ビットコインは、８月１日に中核技術であるブロックチェーン（分散型台帳）に新たな規格が作られ、クローン通貨である新仮想通貨「ビットコインキャッシュ」が生まれる可能性がある。新規格ができると、ビットコインの保有者は保有額と同等のビットコインキャッシュを無償で入手できる。
新規格の作成は「フォーク（分岐）」と呼ばれる。今回のフォークは、ビットコインの技術的な維持管理に携わっている「マイナー（採掘者）」の一部が主導している。このグループは中国に拠点を置くマイナーが中心で、ビットコイン関連ソフトウエアの改善計画に不満を抱いている。フォークが実際に行われるのかどうかや新仮想通貨の評価額などははっきりしていない。

ブロックチェーン技術企業Ｂｌｏｑのジェフ・ガージク最高経営責任者（ＣＥＯ）は、フォークは「株式分割のようなものだ」と説明。１００ビットコインを持っていれば突然新たに１００ビットコインキャッシュが手に入るという。ただ、仮想通貨を手掛ける取引所や決済サービス会社の一部はビットコインキャッシュを支持しない方針を決めており、新仮想通貨の取り扱いは限定されそうだ。

ビットコインは２週間前にソフトウエア開発業者とマイナーがソフトウエアの改善で合意し、いったんは分裂を回避していた。


いかがでしょうか？

この記事を読んだ方の多くが、おそらく次のように感じるのではないでしょうか？

「フォーク（分岐）って何？　何で通貨が分裂するの？」

「マイナー（採掘者）って何？　仮想通貨なのに、いったい何を掘るの？」
「さっぱり訳が分からない……。こんなものに投資をしたら、絶対に危ない！」

あなたがそう感じたとしても、それは仕方のないことと言えるでしょう。

先ほどお話ししたとおり、私は２０１６年11月から、ビットコインへの投資を始めました。その中で、数千万円の利益を出すこともあれば、時に数百万円の損失を出すこともありました。

もちろん、トータルではプラスですが、数百万円という損失を出してしまったことに対する後悔の記憶は、今も脳裏に深く刻まれています。

なぜ、数百万円もの損失を出してしまったのでしょうか？

今、振り返って冷静に分析してみると、その原因は「**知識が乏しかったから**」に他なりません。

当時は「ビットコインについて知りたい」と思っても、平易な言葉で説明をしてくれる書籍は皆無でした。

そして、その状況は、今もほとんど変わっていません。

のちほど詳しく説明しますが、仮想通貨に関する投資には、かなりの確率で「**詐欺案件**」が含まれています。

特に「**ICO（Initial Coin Offering）**」**と呼ばれる投資案件は、その95％が詐欺案件であると言っても差し支えない**でしょう。

「**リスクとは、自分が何をやっているか、よく分からない時に起こるものです**」

こうした名言を残したのは、投資の神様として知られる**ウォーレン・バフェット**でした。

ですから、もしもあなたが「**仮想通貨については、よく分からないけれど、何となく儲かりそう**」と思い、手を出そうとしているのならば、**その投資はほぼ間違いなく失敗することになる**でしょう。

もしもあなたが「**仮想通貨に投資して、確実に利益を上げたい**」と思うのであれば、バフェット氏が指摘するように、**仮想通貨に関する基礎知識は、やはり必要不可欠**なのです。

はじめに断っておきますが、私は金融の専門家でも、技術屋でもありません。**単なる一投資家**にすぎません。

しかし、だからこそ、難解な金融用語や細かい専門技術の話にとらわれることなく、「今、何が起こっているのか」を分かりやすく伝えることができるのではないか？

あなたが「今、一番知りたいこと」を、誰よりも分かりやすく説明できるのではないか？

そのように思い、本書を著しました。

本書は、ビットコインに関する知識が全くない人でも読めるように、専門用語をできるだけ平易な言葉で噛み砕いて説明し、「**ビットコインとは何か**」「**ビットコインや仮想通貨の全体像**」を正確に掴めるように工夫しました。

本書を読めば、書籍や新聞に書かれている難解な記事も、「**なるほど、そういうことか**」と理解できるようになるはずです。

それだけでなく、詐欺案件に関しても、「**この話はおかしいな**」と自分の頭で判断することができるようになるでしょう。

本書を読んでいるあなたに、私と同じ失敗をしてほしくありません。

知識を持つことは、あなたが仮想通貨への投資で利益を出すためだけでなく、**詐欺案件に騙されないための**「**確実な第一歩**」になると確信しています。

第1講は、**ビットコインの**「**基礎知識**」に関して、説明をします。歴史的な観点から具体的に解説をしますので、ここを読んでいただければ、「**今、何が起こっているのか**」を明確に理解することができるでしょう。

第2講は、**ビットコインの**「**買い方**」「**使い方**」について、解説します。「**ウォレットとは何か**」という点だけでなく、「**ビットコインを使うことのメリット、デメリット**」といった点まで、幅広く解説します。

第3講は、「**あなたの資産を倍にする方法**」について解説します。私の成功体験、そして失敗体験をもとに、どんな投資戦略を練ればいいのか、その道筋を具体的に示します。

本書は「**基礎知識**」**から**「**最新情報**」「**投資**」**までを網羅した、いわば初心者のための**「**ビットコインのレッスン（授業）**」になります。

本書が、あなたの実りある人生のお役に立つことができれば、著者としてこれほど嬉しいことはありません。

それでは、始めましょう。

株式会社フィンテックパートナーズ代表取締役　**藤田篤示**

目次

第2講 実践！ ビットコインの買い方・使い方

第3講 ビットコインであなたの資産を倍にする方法

※本書で示した意見によって読者に生じた損害、及び逸失利益について、著者、発行者、発行所はいかなる責任も負いません。投資の決定はご自身の判断でなさるように、お願いいたします。

カバーデザイン:panix(中西啓一)
DTP:㈱ティーケー出版印刷
編集協力:大平淳

第1講
今さら聞けないビットコインの基礎知識

❶ お金と銀行の歴史

ビットコインとは何なのか？

まずは、この点を理解していただくために、「**お金の歴史**」について、簡単に振り返ってみましょう。

お金の歴史を振り返ってみることで、「**ビットコインとは何か**」が、より明確に見えてくるからです。

大昔には、そもそも「お金」は存在せず、人々は物々交換によって、それぞれ欲しい物を手に入れていました。

しかし、物々交換だと、交換条件の合う人を探すのは、容易ではありません。自分が欲しい物と相手の欲しい物が、必ずしも一致するとは限らないからです。

そこで、日本においては、自分が持っている物をまずは「稲」や「布」に交換しておき、その後、自分が欲しい物をその「稲」や「布」と交換するスタイルが定着しました。つまり、**「稲」や「布」が、現在のお金の代わりとして使われた**のです。

ちなみに、中国の場合、お金として使われたのは、貝殻でした。例えば、「貨幣」という字には、「貝」という字が入っていますが、これは貝殻をお金として使っていたことに由来しています。

こうした「稲」「布」「貝殻」といったものが、時代を経て、やがて「金」や「銀」などに代わり、お金として流通するようになりました。

さて、お金と切っても切り離せない、**現在のような「銀行制度」の原型は、13世紀のイタリアで始まった**と言われています。

中世ヨーロッパの人々は金や銀を自分で保管しておくと危険なので、これを「**金細工師**」と呼ばれる人たちに預けていました。

「金細工師」というのは、簡単に言うと、「金を扱う専門家」で、彼らは金や銀の安全な保管場所を持っていました。彼らに金や銀を預けて、「**預かり証**」を発行してもらうのですが、この「預かり証」が、やがて**現在の「紙幣」の原型**になりました。

金や銀は重くて、持ち運ぶのが大変ですが、「預かり証」は紙切れ1枚ですから、持ち運びが便利です。こうして、金細工師たちが発行した「預かり証」が、ヨーロッパでお金として流通するようになりました。

さて、ここで1つの問題が発生します。

一般の人たちは、金細工師たちがどれくらいの量の金を保有しているのかを、全く知りません。

それをいいことに、金細工師たちは裏付けのない「預かり証」を発行し、それに利子を付けて貸し出す、ということを始めました。そして、お金の借り手が借金を返せない場合は、家や土地といった財産を担保として差し押さえる、といったことも始めました。

金細工師たちからすれば、仮に借金が返ってこなかったとしても、いっこうにかまいません。なぜなら、**元は自分たちが発行した「ただの紙切れ」にすぎない**からです。

さらに、借金が返ってこなかった場合、その担保として、家や土地を差し押さえることができますから、**タダ同然で財産が手に入る**ことになります。

こうして金細工師たちは、大儲けをしました。

これが、現在の銀行制度の起源であり、銀行家が生まれたきっかけになります。


さて、現在の銀行制度は「**中央銀行**」を頂点としたシステムになっていますが、中央銀行の元祖は、１６９４年に設立された「**イングランド銀行**」です。

なぜ、中央銀行ができたのでしょうか？

それは、銀行家たちが、国王にお金を貸したことがきっかけでした。


当時のイングランド王であったウィリアム3世は、フランスと戦争をしていて、その戦費を欲していました。その戦費を貸し出したのが、銀行家たちです。

この時、銀行家たちは、国王に対して、ある条件を出しました。

それは、**国王にお金を貸す代わりに、国家の正式なお金を発行する権利を銀行家たちに与えてもらう**ということでした。

この提案は国王に受け入れられ、国家の正式なマネーを発行する銀行が誕生します。

これが「イングランド銀行」であり、現在の「中央銀行」の起源になりました。

こうして、銀行家たちは**「無尽蔵にお金を発行する権利」**を得たのです。

ちなみに日本においても、明治時代にこの制度が取り入れられ、現在の「日本銀行」が誕生しました。


さて、こうした中央銀行を頂点としたシステムには、１つの問題があります。

それは**「インフレ」**と呼ばれる現象です。

インフレとは何か？

簡単に説明をすると、**「物に対して、お金の価値が下がる」**ことです。

例えば、中央銀行がお金を大量に発行しすぎてしまったとしましょう。

お金を大量に発行すると、例えば、食料品や車といった商品に対して、お金の価値が下がってしまいます。

つまり、お金を発行しすぎると、物の値段が、どんどん高くなってしまうのです。


そして、極端なインフレが進むことを**「ハイパーインフレ」**といいます。

ハイパーインフレのもとでは、お金は紙切れ同然になってしまいます。

インフレとデフレの仕組み

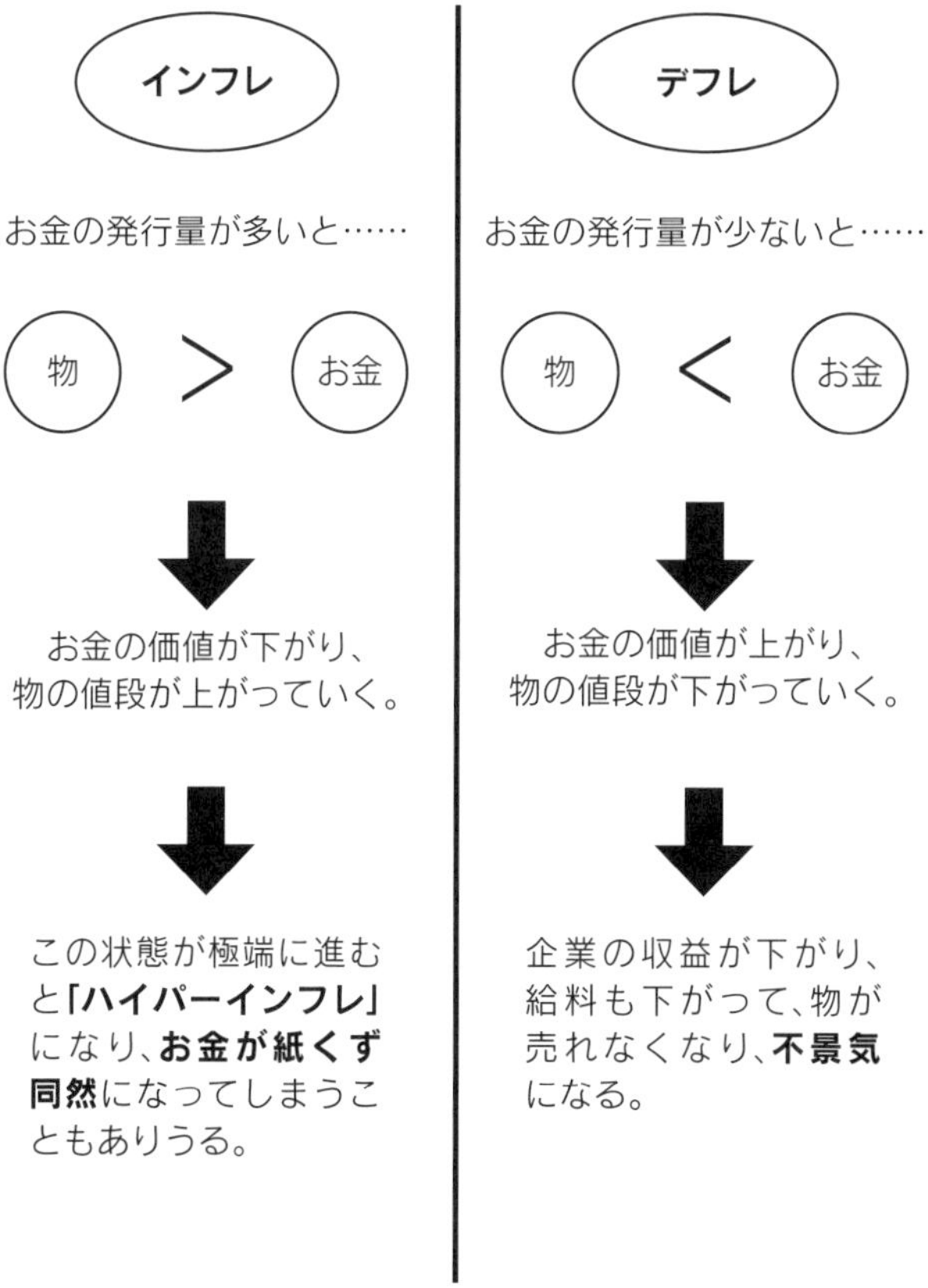
インフレ
お金の発行量が多いと……
物
＞
お金
お金の価値が下がり、
物の値段が上がっていく。
この状態が極端に進むと「ハイパーインフレ」になり、お金が紙くず同然になってしまうこともありうる。
デフレ
お金の発行量が少ないと……
物
＜
お金
お金の価値が上がり、
物の値段が下がっていく。
企業の収益が下がり、給料も下がって、物が売れなくなり、不景気になる。

ですから、中央銀行の本来の役割は、お金の発行量を調整して、インフレを防ぐことにあります。

「インフレを防ぎ、お金の価値を担保することが中央銀行の唯一の役割である」と言っても、過言ではありません。

「お金が紙切れ同然になってしまうなんて、そんなことはありえないでしょう」

ひょっとしたら、あなたはそのように思うかもしれませんが、歴史を振り返ってみると、**「ハイパーインフレでお金が紙切れ同然になってしまった」という例は、枚挙に暇がありません**。

例えば、直近では、アフリカ大陸にある**ジンバブエ**という国で、ハイパーインフレが発生しました。

ジンバブエの消費者物価指数は、インフレがひどくなった２００６年末から２００８年の７月末にかけて、**約15億倍**になりました。

単純計算すると、例えば、１本１００円の牛乳が、約１年半の間に１５００億円になってしまったということになります。

こうなってしまうと、手元にある現金や銀行預金は、もはや意味がありません。

「それはジンバブエの話であって、日本ではありえないでしょう。日本はインフレではなく、逆にデフレですから」

そのように思うかもしれませんが、今後は、日本もどうなるか分かりません。

日本では1990年代のバブル崩壊以降、デフレと呼ばれる現象が続いています。

つまり、物に対して、お金の価値が上がっているため、物価が下がる現象が続いているのです。

「物価が下がって、何か問題があるんですか？　物が安く買えるのは、消費者にとって、メリットだと思いますが……」

たしかに、その意見はごもっともですが、物価が下がると、企業の収益も減ってしまいます。企業の収益が減ると、どうしても我々の給料を下げざるをえません。そうしなければ、会社が潰れてしまうからです。

給料が下がれば、人々はお金を使うことに対して、慎重になります。こうして、物が売れなくなって、経済が悪化し、不景気になっていくのです。

この状態を解消するため、日本銀行は政府の意向に従い、異次元と言われる「**金融緩和**」を実施して、お金の大量発行を始めました。

マネタリーベース（世の中に出回っているお金の量と、銀行などの金融機関が日本銀行の当座預金に預けている残高の合計）は、2013年4月の時点では約150兆円でした。

これが、2017年9月末の時点では約475兆円。その規模は、**4年あまりで約3倍**と、異常なペースで膨らんでいます。

つまり、日本円の発行量が急激に増えているのです。

この金融緩和（お金の大量発行）の結末がどうなるのかは、専門家でも意見が分かれるところです。ですが、安倍政権の閣僚の1人は、この金融緩和の結末を「空恐ろしい」と表現しました。

日本銀行が大規模な金融緩和を続ける以上、日本で急激なインフレが発生する危険性は否定できません。

仮に日本でハイパーインフレが発生すれば、ジンバブエと同じく、我々が保有している現金や預金は、紙切れ同然になってしまうことでしょう。

このように、**銀行を中心とするシステムは、決して盤石なものではなく、右往左往しながら、そのシステムを何とか維持している**のです。

こうした、銀行を中心とするシステムに異を唱えたのが、「**サトシ・ナカモト**」と呼ばれる人物でした。

サトシ・ナカモトとは、何者なのでしょうか？

そして、サトシ・ナカモトが描いた「お金のシステム」とは、いったいどのようなものだったのでしょうか？

次項で詳しく説明します。

❷ 「ビットコイン」って何？

「サトシ・ナカモト」とはいったい何者なのか？

その点について、説明をする前に、まずは「ビットコインとは何なのか」について、簡単に触れておきましょう。

ビットコインとは何か？

一言で言うと、**「インターネット上に存在する仮想通貨」**になります。

ただ、「仮想通貨」というのは、日本や韓国だけの呼び方で、実は**「暗号通貨」というのが正式名称**です。

「仮想通貨」というと、セカンドライフやドラクエに出てくる「ゲームの中のお金」というようなイメージを持つかもしれませんが、英語では「encrypted currency（暗号化された通貨）」、つまり、「暗号通貨」というのが正式な名称になります。

本書では正確を期すため、以降は「暗号通貨」という言葉を使いますが、その定義は、世間で使われている「仮想通貨」と全く同じです。

さて、それでは「暗号通貨」とは、いったい何なのでしょうか？

暗号通貨は、簡単に言うと、**「色も形もないデジタル通貨」**です。

パソコンやスマートフォンを持っていれば、誰でも所有することができます。

また、インターネットに繋がる環境さえあれば、紙幣や硬貨といったお金と同じように使うことができる。これが「暗号通貨」です。

「色も形もない通貨？　でも、お金と同じように使うことができる？　全く想像できないんですが……」

そのように思う方はSuica（スイカ）やPASMO（パスモ）といった**「電子マネー」**をイメージしていただくと、分かりやすいでしょう。

例えば、Suica（スイカ）やPASMO（パスモ）にお金をチャージしておくと、それで交通費を支払ったり、買い物をしたりすることができますよね？

このように、「お金と同じように支払いをすることができる」というのが、「デジタル通貨」の特徴です。そして、「デジタル化された支払い通貨」という点で言えば、電子マネーも暗号通貨も変わりません。どちらも「デジタル通貨」になります。

しかし、厳密に言うと、電子マネーと暗号通貨は、全く異なるものになります。「電子マネー」は「電子決済サービス」であり、通貨ではありません。

電子マネーはあくまでも「サービス」のため、企業がお客さんの利便性を上げるために作った仕組みになります。「決済(支払い)」の利便性を上げる企業サービスであり、通貨ではありません。

これに対し、**暗号通貨は円やドルと同じ「通貨」**になります。増えれば所得税もかかります。

では、電子マネーと暗号通貨の具体的な違いは、いったい何なのでしょうか?

一番大きな違いとして挙げられるのは、「**個人間で送金できるかどうか**」という点です。例えば、Suica（スイカ）にチャージした1000円で切符やジュースを買うことはできますが、その1000円を他人に送ることはできません。

そうした点で言うと、電子マネーはあくまで「支払い（決済）の手段」になります。しかも、日本国内でしか使えません。

これに対し、暗号通貨は銀行を介することなく、世界中の人たちと、個人間でお金を送ったり、受け取ったりすることが可能です。

この点が、暗号通貨の最大の特徴と言えるでしょう。

また、その他の違いとしては、送金方法も挙げられます。

Suica（スイカ）やPASMO（パスモ）には「ICカード（チップ）」があるのに対し、暗号通貨には、そうした物理的なカードはなく、スマートフォンやパソコンでQRコードを使用するという点です。例えば、ビットコインでの支払いができるビックカメラなどのお店に行くと、QRコードが提示されたスマートフォンがレジの横に置いてあります。そのQRコードを、あなたのスマートフォンで読み取り、ビットコインを送金すると、支払いが完了する仕組みになっています。

Suica（スイカ）やPASMO（パスモ）の「ICカード」にあたるものが、暗号通貨の場合は「スマートフォン」だとイメージしていただければ分かりやすいでしょう。

1つだけ説明を加えておくと、あなたはひょっとしたら、「暗号通貨」＝「ビットコイン」というイメージを持っているかもしれませんが、ビットコインというのは、数ある暗号通貨の1つにすぎません。

2017年10月現在、ビットコインを含む暗号通貨は、数千種類。細かいものも含めると、6000〜7000種類あるのではないかと言われています。ちなみに、ビットコイン以外の暗号通貨は「**アルトコイン**」と呼ばれます。

2017年10月初旬の時点で、暗号通貨全体の時価総額は16兆円ほどですが、このうちビットコインの時価総額は7〜8兆円で、全体の約50％を占めています。

このように、**ビットコインはあくまでも暗号通貨の代表格であって、「暗号通貨」＝「ビットコイン」ではない**という点を、ここでは覚えておいてください。

さて、ここまでを理解していただいた上で、冒頭の「サトシ・ナカモト」に話を戻しましょう。ビットコインは、サトシ・ナカモトという人物が2008年11月に発表した論文から始まりました。

サトシ・ナカモトとは、いったい何者なのでしょうか？

暗号通貨の時価総額トップ10

※2017年10月11日現在。

順位	名称	時価総額(USドル)
1	Bitcoin (ビットコイン)	79,431,636,396
2	Ethereum (イーサリアム)	28,784,571,947
3	Ripple (リップル)	10,137,482,161
4	Bitcoin Cash (ビットコインキャッシュ)	5,311,260,185
5	Litecoin (ライトコイン)	2,697,615,140
6	Dash (ダッシュ)	2,231,327,783
7	NEM (ネム)	1,945,935,000
8	NEO (ネオ)	1,501,990,000
9	IOTA (アイオータ)	1,319,456,923
10	Monero (モネロ)	1,317,673,034

(CoinMarketCapのホームページより抜粋して作成)

実は、その正体は、今も分かっていません。日本人のような名前ですが、日本人かどうか分かりませんし、男性かどうかも定かではありません。「この人がサトシ・ナカモトではないか？」と言われている人は数人いますが、確実な根拠はなく、結局、誰なのか分かっていないのが現状です。

このサトシ・ナカモトという謎の人物の論文が、ビットコイン誕生のきっかけになりましたが、サトシ・ナカモトの主張は、以下のようなものでした。

「**今までのお金の発行や流れというのは、政府や中央銀行を介して行われていたが、本来、お金というのは誰かに管理されるべきものではなく、個人間で、自分の責任でやり取りすべきものである**」

先ほど、銀行の歴史についてご説明しましたが、銀行を中心としたシステムは決して盤石なものではなく、中央銀行が1つ舵取りを間違えれば、ある日突然、我々のお金が紙切れになってしまう可能性も否定できません。

サトシ・ナカモトの主張は、ごくまっとうなものであると言えるでしょう。

しかし、銀行を介さずに、個人間での送受信を可能にする「暗号通貨」を作るためには、１つの壁がありました。それは**「信用性」の問題**です。

かつては、マイクロソフトなどが、こうした通貨を作ろうと試みたこともありましたが、それが成り立たなかったのは、ひとえに「信用性」の問題があったからです。

では、具体的に「信用性の問題」とは、いったい何なのでしょうか？

例えば、メールに１万円を添付して、ＡさんからＢさんに送金したとしましょう。仮にハッキングされてしまった場合、ひょっとしたら、１万円のデータが、途中で３０００円のデータに書き換えられてしまうかもしれません。

こうなると、信用のおける取引が成り立ちません。

このように「信用性」という観点から見ると、**「インターネット」と「通貨」というのは、実は、非常に相性が悪い**のです。

では、この「信用性」を、いったいどのように担保すればいいのでしょうか？

それを可能にしたのが、サトシ・ナカモトが提唱した**「ブロックチェーン」**と呼ばれる技術でした。では「ブロックチェーン」とは、いったい何なのでしょうか？

次項で、分かりやすく説明します。

❸ 「ブロックチェーン」って何？

先ほどお話ししたとおり、ビットコインは、サトシ・ナカモトが論文で提唱した「**国や銀行の管理下にない通貨**」という斬新なアイデアから生まれました。

そのアイデアに、一部の技術者が賛同して、ビットコインの運用が始まりました。

ですから、ビットコインは、サトシ・ナカモトが単独で開発したわけではなく、また管理をしているわけでもありません。

この点を押さえつつ、「ブロックチェーン」について説明をする前に、まずは「**ビットコインの歴史**」を簡単に振り返ってみましょう。

２０１０年２月、アメリカドルとビットコインを交換する取引所がオープンします。

同年５月には、フロリダで初の商取引が成立しました。

初めての商取引は、１万ＢＴＣでピザ２枚を購入するというものでした。

ビットコインの価格の推移

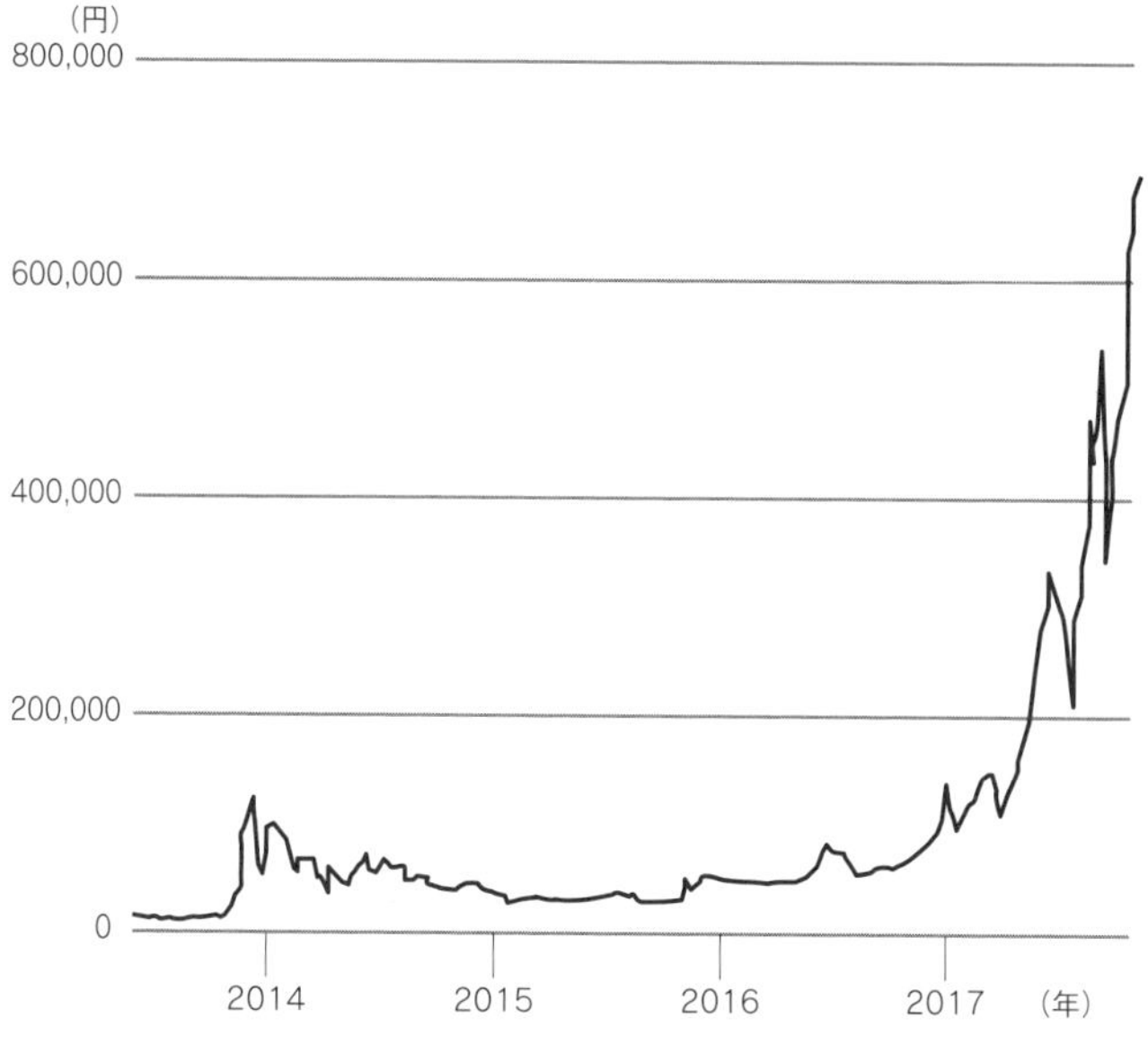

当時、1万ＢＴＣは、日本で約３０００円相当でした。

ですが、35ページのチャートを見れば分かるとおり、２０１７年10月初旬現在、その価値は、実に50億円以上になります。

２０１３年3月、キプロスショックによる預金封鎖が起こると、安全な資金の逃避先を求めて一部の資金がビットコインに流れ、価格が上昇しました。また同年10月には、中国の富裕層が大量にビットコインを購入し、価格が急上昇します。

先ほど30ページでお話ししましたが、**ビットコインの市場規模は7〜8兆円と非常に小さいため、富裕層が大量に買うと、価格がはね上がってしまう**のです。

そして、２０１４年2月には、当時、ビットコイン世界最大の取引所であったマウントゴックス社が経営破綻し、ビットコインの価格が下落しました。

マウントゴックス社の件については、またのちほどお話しします。

さて、日本国内に目を移すと、２０１４年2月、現時点で日本最大の暗号通貨取引所である「bitFlyer（ビットフライヤー）」がサービスを開始しました。

２０１５年以降は、マイクロソフト、スターバックス、楽天といった大企業が続々と、ビットコインでの決済を取り入れています。２０１7年1月1日付けの日本経済新聞には「**仮想通貨元年**」という広告が大々的に打たれ、話題になりました。

このあたりの簡単な歴史を踏まえた上で、話を元に戻しましょう。

このように順調に成長しているビットコインですが、先ほど「インターネットと通貨は相性が悪い」というお話をさせていただきました。

この壁を乗り越えることを可能にした「ブロックチェーン」とは、いったいどういう技術なのでしょうか？

初心者の方でも分かるように、分かりやすく説明します。

ブロックチェーンは、簡単に言うと、「**新しい記録の技術**」になります。

今まで大企業や国が作ってきた信用を「ＩＴ技術」によって作ることができるようになったのです。まず大前提として、これを念頭においてください。

例えば、銀行送金で、ＡさんがＢさんに1万円を送ったとしましょう。

この取引台帳は、誰が作成し、誰が管理をしているでしょうか？

当然、銀行です。

大銀行ともなれば、1日の取引の量が半端ではありませんから、「1日単位」か、「1時間単位」か、それとも「毎分」か「毎秒」か分かりませんが、ともかく銀行が全ての取引台帳を作成し、管理しています。

これに対し、ビットコインは「国や銀行の管理下にない通貨」になります。

では、仮にAさんがBさんに1BTCを送った場合、その取引台帳は誰が作成し、誰が管理しているのでしょうか？

ここで活躍するのが、「ブロックチェーン」と呼ばれる技術です。


ビットコインは、**10分ごと**（正確には「ちょうど10分」ではなく「約10分」です）**に、1つの取引台帳が作成される仕組み**になっています。

話を単純化するために、仮にAさん、Bさん、Cさん、Dさんの4人しか、ビットコインのユーザーがいないとしましょう。

仮に10分の間に、「AさんがBさんに1BTCを送った」「CさんがDさんに2BT

Cを送った」という2つの取引があったとしましょう。

それが1つの台帳に記録されます。これを「取引台帳その1」としましょう。

また、次の10分間は「AさんがDさんに3BTCを送った」という取引しかなかったとしましょう。これが、次の「台帳その2」に記録されます。

こうした形で、ビットコインは、取引台帳が約10分ごとのブロックに分けて作成されます。そして、その取引台帳が暗号化され、それが1本のチェーンのように連なっていく仕組みになっています。

10分単位の暗号化されたブロック（取引を記録した台帳）が、1本のチェーンに連なっていく。このことから、この技術を「**ブロックチェーン**」と呼ぶのです。

では、このチェーンのように1本に連なる取引台帳を、いったい誰が管理するのでしょうか？

それは、**ビットコインのユーザー全員で管理**することになります。

仮にAさん、Bさん、Cさん、Dさんの4人しかビットコインのユーザーがいないとしたら、4人全員で取引台帳を所有する形になります。

このことから、ブロックチェーンは「**分散型台帳技術**」とも呼ばれます。

では、全員で取引台帳を管理するメリットは、何なのでしょうか？

それは「**データの改ざんが難しくなる**」という点です。

全員でデータを管理していれば、仮にAさんのパソコンがハッキングされて、データが改ざんされてしまったとしても、問題ありません。なぜなら、Bさん、Cさん、Dさんが所有するデータとの整合性が取れなくなってしまうからです。

先ほど、「インターネットと通貨は相性が悪い」というお話をさせていただきましたが、データを全員で管理して、改ざんを難しくすることにより、ビットコインはその弱点を克服したのです。

仮に4人のデータであれば、同時に書き換えることが可能かもしれません。

しかし、2017年10月現在、ビットコインのユーザーは全世界に2000万人以上いると言われています。

全てのデータを同時に改ざんすることは、ほぼ不可能でしょう。

これが、従来では難しかった取引の「信用性」を担保しています。

ブロックチェーンの仕組み

このようにして暗号化されたブロック(台帳)が1本のチェーンのように繋がっていくことから、この技術は**「ブロックチェーン」**と呼ばれる。

銀行の場合、データ管理は**銀行の中央サーバー**で行われるが、ビットコインの場合はユーザー(Aさん、Bさん、Cさん、Dさん)が**それぞれデータを管理**しているので、改ざんが難しい。

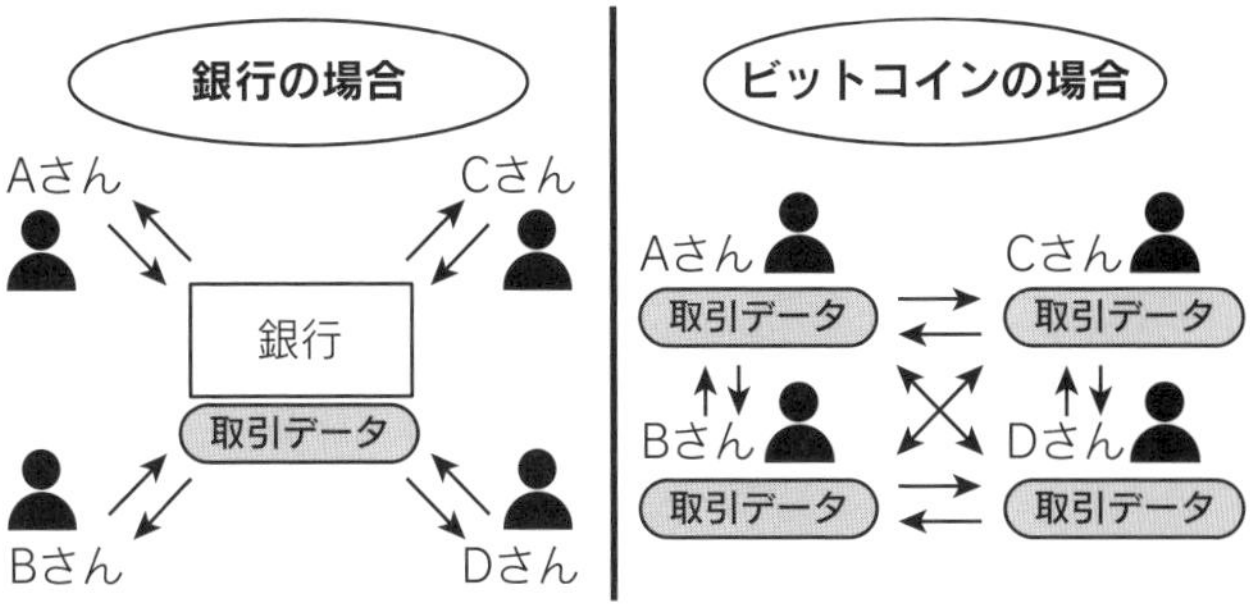

その安全性は、**経済産業省なども お墨付き**を与えているほどです。

例えば、銀行で台帳を管理している場合、銀行のデータが改ざんされてしまえばおしまいです。それを防ぐため、銀行では莫大なセキュリティ費用をかけていて、これらが全て、手数料として、我々に跳ね返ってきます。

一方、ビットコインは、世界中にデータを分散管理させることで、データの改ざんが事実上、不可能な仕組みになっています。

さらに、それにかかる費用はほぼゼロなので、**送金などの手数料もほぼかかりません**。それを可能にしたのが、「ブロックチェーン」の技術なのです。

- **みんなでデータを共有しあっている**
- **ビットコインが生まれてから今までの取引が、全て関連しあっている**

これにより、銀行などの中央機関が入らなくても、現実的に誰も改ざんできない、誰も盗めない、誰も間違えない記録技術が成り立っているのです。

こうした説明をすると、中には、次のように思う方がいらっしゃるかもしれません。

「ビットコインの場合、10分ごとの取引のデータが、チェーンのように連なっていくということは、理解できました。でも、その取引台帳は誰が作るんですか？　例えば、AさんがBさんに銀行送金をした場合、取引台帳は銀行が作りますよね？　でも、ビットコインの場合は、いったい誰が取引台帳を作るんでしょうか？」

非常に鋭い質問だと思います。例えば、銀行の場合、送金者から手数料を取って、そうした台帳を作ることが可能です。

しかし、ビットコインの場合は、銀行のような中間の媒体がありません。あるのは、個人間、もしくは企業間のやり取りのみです。

では、ビットコインは、いったい誰が、どうやって「10分ごとの取引台帳」を作成しているのでしょうか？

この点を知るためには、「**マイニング（日本語で『採掘』という意味）**」について、理解しなければなりません。

では、「マイニング」とは、いったい何なのでしょうか？　次項で説明します。

❹「マイニング」って何？

実は、ビットコインの世界では、「マイナー（日本語で『採掘者』という意味）」と呼ばれる人たちが、**「10分ごとの取引台帳を作成するスピード」**を巡って、激しく争っています。

なぜ、彼らはスピードを競うのでしょうか？

それは、10分ごとの取引台帳を、世界で一番速く作成した人に、**12・5BTC**（仮に1BTC＝50万円だとしたら625万円）の**報酬が与えられる仕組み**になっているからです。

そのため、ファンドなどで世界中からお金を集め、最新鋭の機械を取り入れて、「取引台帳を作成するスピードの世界一を目指す」という競争が、今、世界中で起こっています。

また、「10分ごとの取引台帳を一番速く作成した人に、12・5ＢＴＣという報酬が与えられる」ということは、つまり、**「世の中に出回るビットコインの量が、10分ごとに12・5ＢＴＣずつ増えていく」**ということです。

このように、10分ごとに増えていくビットコインを得るのが、金を掘り当てる作業に似ていることから、これを**「マイニング（日本語で『採掘』という意味）」**と呼び、それを競うたちを**「マイナー」**と呼んでいます。

「マイニング」「マイナー」といっても、実際に何かを掘っているわけではなく、**10分ごとに与えられる12・5ＢＴＣの報酬を巡って、取引台帳を作成するスピードを争っているだけ**なのです。

「10分ごとに12・5ＢＴＣずつ増えていくということは、世の中に出回るビットコインの量は、無尽蔵に増えていくということですか？」

そのように思うかもしれませんが、**ビットコインの発行量の上限は２１００万ＢＴＣと決められていて**、２０１７年10月現在の発行量は約１６００万ＢＴＣです。

すでに、その**80％近くが発行**されている計算になります。

ビットコインの価格は、単純に「**需要**」と「**供給**」で決まります。**買いたい人が多ければ、価格が上がる。逆に売りたい人が多ければ、価格が下がる。**

この点においては、円、ドル、ユーロといった法定通貨と何ら変わりません。

ただし、ビットコインは、中央銀行が無尽蔵に発行できる円、ドル、ユーロといった通貨と異なり、発行量の上限が決められています。

円、ドル、ユーロといった通貨は、政府によって、その価値が担保されています。

一方、ビットコインには、そうした後ろ盾はありません。

しかし、そうした後ろ盾がなくても、その価値を保ち続けられるのは、無尽蔵に発行できる円、ドル、ユーロなどとは違って、発行量の上限が定められているからです。

有限だからこそ、ビットコインには価値があるのです。

こうした点で言うと、ビットコインは、**金（ゴールド）やプラチナといった「地球資源」に近い性質を持っている**と言えるでしょう。

マイニングの仕組み

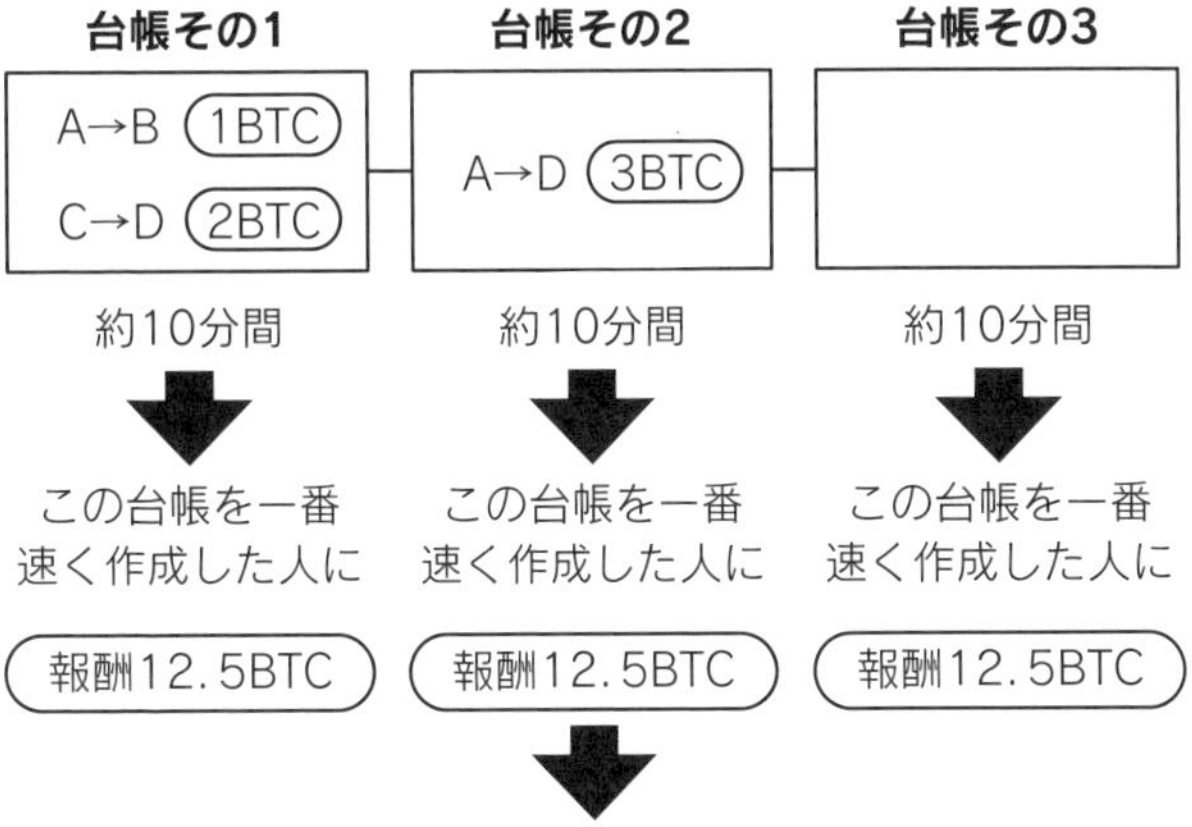

このようにして約10分ごとに報酬を得るのが金を掘り当てる作業に似ていることから、これを**「マイニング」**と呼ぶ。ただし、ビットコインは無尽蔵に増えるわけではなく、**上限は2100万BTC**と決まっている。

ビットコインの発行量

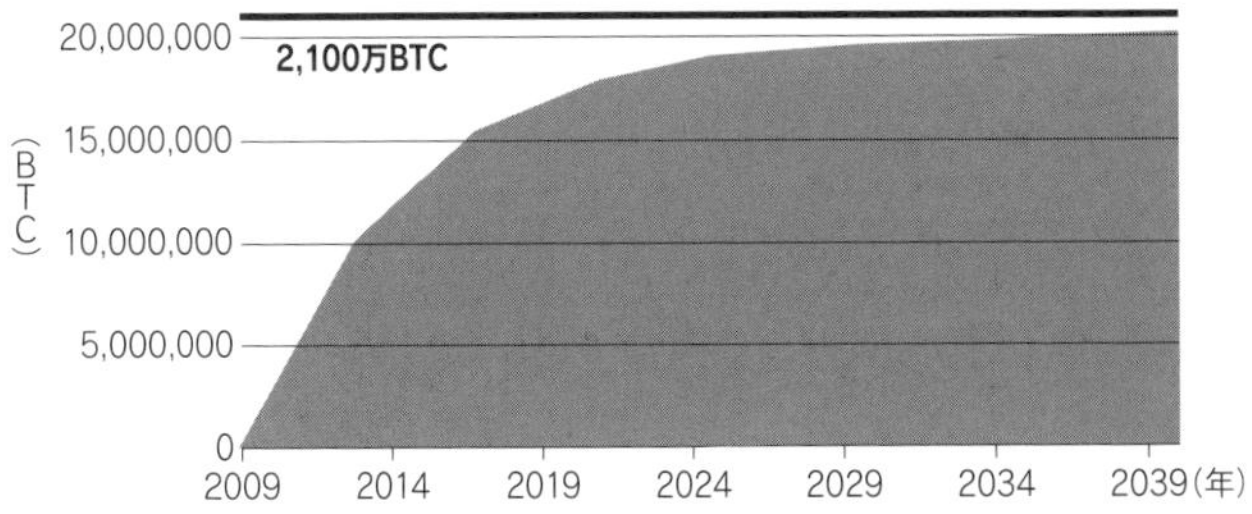

実際、アメリカでは、ビットコインのことを「**WEBゴールド**」と呼んでいた時期もありました。

さて、ビットコインの現在の発行量は、約10分ごとに12・5BTCずつですが、この発行量は、**約4年ごとに半減**されることが決まっています。

スタート当初、50BTCだった発行量が25BTCになり、2016年7月に、現在の12・5BTCになりました。

この計算でいくと、**2140年に上限の2100万BTCに達する**ことになります。繰り返しますが、あくまでもビットコインは有限であり、だからこそ、その価値も担保されているのです。

ひょっとしたら、鋭い方は、次のように思うかもしれません。

「10分ごとの取引台帳を一番速く作成した人に、12・5BTCという報酬が与えられるんですよね？　今はいいですけど、これが4年後に6・25BTCになったら、台帳を作成するにあたって、採算が合わなくなってしまうんじゃないですか？　採算が合わなくなって、誰も台帳を作成しなくなったら、どうするんですか？」

たしかに現在、**マイニングには莫大な電気代がかかる**と言われています。

10分ごとの取引台帳を作成するために、たくさんのコンピュータを稼働させなければなりませんから、その電気代、さらにはサーバーを冷却するためのエアコンの電気代なども、マイナーが自分で負担しなければなりません。

電気代の安い中国の農村部や気温の低いアイスランドなどでマイニングが盛んなのは、そのためです。

しかし、先ほど35ページのチャートで見ていただいたとおり、１ＢＴＣあたりの価格は年々上がっています。

仮にマイニングの報酬が12・５ＢＴＣから６・25ＢＴＣになったとしても、日本円に対して、１ＢＴＣの価格が２倍になれば、日本円で受け取る報酬は同じということになります。

つまり、ビットコインは「**報酬の逓減期になると、価格が上がる**」**ということを、**

あらかじめ想定した設計になっているのです。

少し余談になりますが、ここまで読んできた読者の中で、次のような疑問を持つ方はいらっしゃらないでしょうか？

「銀行のように、多額の送金手数料がかからないとしても、ビットコインも多少の手数料を取られるんですよね？　その手数料は、いったい誰が受け取るんですか？　ビットコインの場合、銀行のように管理する人がいないのに、手数料を取られるのは、少し不思議な気がしますが……」

その答えは、ズバリ「**マイナー**」です。

マイナーたちは12・5BTCの他に、こうした送金手数料も受け取っていて、実際に報酬として受け取っているのは、15BTCくらいではないかと言われています。

実は、彼らは「**取引順**」**ではなく、「手数料の高い取引」から順に台帳を作成**します。

なぜ、手数料の高い取引が優先されるのかといえば、それは**送金手数料がそのまま**

彼らの収入になるからなのです。

この点については、またのちほど詳しく説明します。

ちなみに、簡単に付け加えておくと、暗号通貨の「売買手数料」に関しては、各取引所が得ています。

ＦＸ（Foreign eXchange の略、外国為替証拠金取引）と同じように「スプレッド」（通貨を売る時の値段と通貨を買う時の値段の価格差）があり、それで取引所は儲けています。**各取引所の経営が成り立つのは、基本的に、暗号通貨の売買手数料で利益を上げているから**なのです。

さて、ビットコインは、このように非常に巧みな仕組みで作られています。

一見、何の問題もないように思えますが、「**ビットコインが分裂か？**」と騒がれたのは、２０１７年7月末のことでした。

なぜ、何の問題もないはずのビットコインに、分裂騒動が巻き起こってしまったのでしょうか？

❺ なぜ、ビットコインの「分裂騒動」が起きたのか？

次の記事は、２０１７年7月24日付けの読売新聞の記事を一部抜粋したものです。理解できなくてもかまいませんので、まずは読んでみてください。

ビットコイン　普及へ試練

インターネット上でやりとりできる「仮想通貨」の代表格であるビットコインの運営を巡って騒動が起こっている。利用者の増加でシステムが対応しきれなくなり、どうやって改善するのか、意見がまとまらない。23日には売買を仲介する取引所の一部が、取引を一時停止した。ビットコインは、普及へ向け試練を迎えている。

騒動のきっかけはビットコインの利用者が急増し、取引の「大渋滞」が起きていることだ。中国などの新興国を中心に実際に使う人が増えたほか、投機目的の取引も膨らんでいる。

　ビットコインは改ざんがないかをチェックする仕組みが複雑で、１秒間に７回程度、１日でも数十万件程度しか取引できない。１日に数億円も取引できる大手クレジットカードと比べると、処理能力は小さい。

　パンク寸前で、１件の取引を処理するのに、丸１日かかるようなケースが出ている。ビットコインは、高い手数料を払った取引から順に取引を成立させるルールがあり、手数料が高騰しつつある。


　いかがでしょうか？

　例えば、記事に書いてあるように、**本来安いはずの手数料が高騰したり、決済が遅れたりするのは、いったいどうしてなのでしょうか？**

「ビットコインの分裂騒動」について理解していただくために、まずはこの点について説明しましょう。

先の記事に書いてあるとおり、騒動のきっかけは、**ビットコイン利用者の急増**にあります。

先ほど、ビットコインは「10分ごとの取引台帳を作成している」というお話をさせていただきましたが、そのデータ容量は、1MB（メガバイト）しかありません。

1MBの中に、世界中で行われる「10分間の取引」を全て記録するシステムになっています。

ところが、**取引量の急増によって、現在の容量では、世界中で行われる「10分間の取引」の全てを台帳に記録することができなくなってしまいました。**

当初、サトシ・ナカモトが想定していたよりも、はるかに多くの取引が、ビットコインを介して行われるようになったのです。

これが**問題の発端**になりました。

この点について、分かりやすく説明をするために、話を単純化しましょう。

仮に、あなたが午後1時に行った取引があるとします。

この取引は本来であれば、午後1時から午後1時10分の台帳に記録されるはずですが、仮にその取引が台帳に収まりきらず、取引として承認されない場合、いったいどうなってしまうのでしょうか？

その場合、次の10分間、つまり午後1時10分から午後1時20分に作成される台帳に回されることになります。


ここで、先ほどの話を思い出してください。

ビットコインの場合、送金手数料を得ているのは、誰だったでしょうか？

そうです。**マイナーたち**です。

では、マイナーは、どういった順番で、台帳を処理しているのでしょうか？

そうです。**取引の順番ではなく、手数料の高い順番**です。

ここで問題が起こります。


仮に、午後1時から午後1時10分の台帳に記録されるはずのものが、次の10分間の台帳に記録され、取引が承認されれば、あまり問題はないでしょう。

しかし、マイナーは取引順ではなく、高い手数料を払った取引から順に台帳を作成し、取引を成立させます。

つまり、**手数料の安い取引は、承認がどんどん後回しにされてしまう**のです。

こうして、台帳に記録されないままの取引がどんどん溜まってしまい、送金が遅れたり、手数料が高騰したりするという問題が起きてしまいました。

では、この問題を解消するための対策として、いったいどういう方法が考えられるのでしょうか？

以下は、同日（２０１７年7月24日付け）の読売新聞の記事の続きになります。

> ビットコインは、取引記録のデータを入れた台帳のようなものがつながる仕組みだ。「記録のデータ量を小さくして対応すべきだ」との意見がある一方、別の陣営は自らのシステムでもうけやすくするため、「台帳そのものの容量を大きくできないのなら、8月1日に新たな仮想通貨を作る」と予告している。このため、新たなビットコインが生まれ、利用者の資産が減る恐れもある。

この記事に書いてあるとおり、解決策は主に2つになります。

「**全体の取引データを圧縮して容量を小さくし、１MBの台帳にデータを収めるか**」、もしくは「**台帳そのもののデータ容量を大きくするか**」です。

要は、「**器に入れるものを少なくするか**」、もしくは「**器自体を大きくするか**」で、議論が分かれていたのです。

ちなみに、データの容量を小さくすることを「**セグウィット（Segregated Witness の略）**」といいます。

後者の、「器の容量を従来の１MBから８MBに変更する」方法は、詳細な説明は省きますが、ブロックチェーンそのものに影響を与えるため、今までのブロックチェーンとの関連性がなくなってしまいます。

つまり、「今までのビットコインとは別のコインができる」のです。

これを「**ビットコイン分裂騒動**」と世間では呼んでいます。

そのため、前者の「全体の取引データを圧縮して、１MBの台帳に収めるようにしましょう」ということで、いったんは話がまとまりました。

これに異を唱えたのが、中国の一部のマイニング業者たちです。

なぜ、彼らは異を唱えたのでしょうか？

それは「**データを軽くすると、マイニングにおける競争で不利になるから**」です。

そもそも中国では、インターネットの通信回線が遅く、データを軽くしてしまうと、回線速度の速い国に比べて不利になると言われています。

そこで、彼らは「台帳そのものの容量を大きくできないなら、新たな暗号通貨を作る」と予告し、8月2日、新たな暗号通貨である「**ビットコインキャッシュ（BCH）**」を実際に立ち上げてしまいました。

このように本来、枝分かれしないはずのブロックチェーンが枝分かれして、新しい規格ができてしまう。これを「**フォーク（分岐）**」といいます。

実は、暗号通貨におけるフォーク（分岐）は、これが初めてではありません。

本書において詳しい説明はしませんが、実際、ビットコインに次いで取引が多い暗号通貨の「イーサリアム」も2016年、ハッキング問題を機に「イーサリアム」と「イーサリアムクラシック」に分岐しました。

なぜ、こうしたことが起こってしまうのでしょうか？

ビットコイン分裂騒動の原因

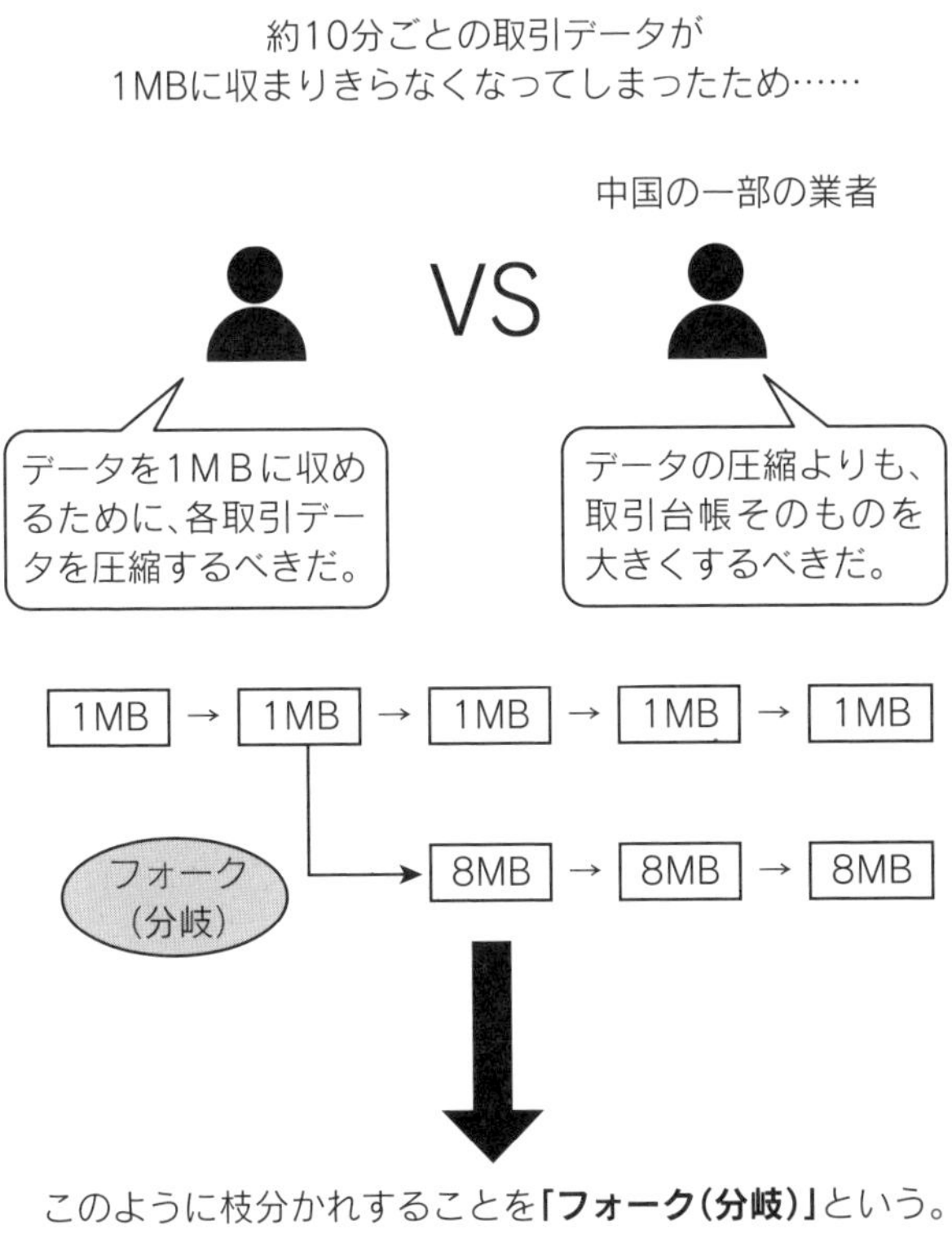
約10分ごとの取引データが
1MBに収まりきらなくなってしまったため……
中国の一部の業者
VS
データを1MBに収めるために、各取引データを圧縮するべきだ。
データの圧縮よりも、取引台帳そのものを大きくするべきだ。
1MB → 1MB → 1MB → 1MB → 1MB
8MB → 8MB → 8MB
フォーク（分岐）

このように枝分かれすることを**「フォーク（分岐）」**という。

例えば、円やドルのような法定通貨の場合、政府や中央銀行が「こうしよう」と決めれば、それでおしまいですが、ビットコインの場合、そうした管理者がいません。今後の方針は、あくまでも**参加者の話し合い**によって決まります。

そのため、仮に意見が対立したり、話し合いが決裂してしまったりすると、こうしたことも起こりうるのです。

「そんな形で、簡単に分裂してしまうような通貨を信用して、本当に大丈夫なの？」

ひょっとしたら、あなたはそのように思うかもしれません。

しかし、一言で「フォーク（分岐）」といっても、実は様々な形があります。

メディアでは、「ビットコインが分裂」といった形で大々的に騒がれました。

しかし、ビットコインキャッシュ（ＢＣＨ）に関して言うと、「**中国の一部の業者が、ビットコイン（ＢＴＣ）のチェーンをコピーして、勝手に新しい暗号通貨を作ってしまった**」と表現した方が、より適切です。

ですから、厳密に言うと、「**ビットコイン（BTC）が分裂した**」わけではなく、「**ビットコインのデータをコピーして、ビットコインキャッシュ（BCH）という全く新しい暗号通貨を勝手に作ってしまった**」というのが真相であって、**ビットコイン（BTC）のブロックチェーン自体には、全く影響がない**のです。

「ブロックチェーンって、そんなに簡単にコピーできてしまうんですか？」

ひょっとしたら、あなたはそのように思うかもしれませんが、ブロックチェーンのデータをコピーすること自体は、技術的には、そんなに難しいことではありません。ですから、そこからフォーク（分岐）させて、新しい通貨を作ることも、難しくありません。

ここで重要なのは、「**ビットコイン（BTC）のブロックチェーン自体に問題があるかどうか**」です。

ブロックチェーンをコピーして新しい通貨を作ったからといって、ビットコイン（B

TC）のブロックチェーン自体には、何の問題もないのです。

そうした経緯があるため、実際、アメリカ最大の暗号通貨取引所である「Coinbase（コインベース）」などは、「ビットコインキャッシュ（BCH）は扱わない」と突っぱねています。

ですから、本来は、そんなに大騒ぎをするほどのことでもないのですが、なぜか日本では「**ビットコインはヤバいんじゃないか……**」とか、「**混乱は長期化するんじゃないか……**」などと騒がれていました。

さて、今回の騒動を経て、ビットコインはいったいどうなったのでしょうか？

以下は、2017年8月18日付けの読売新聞の記事を一部抜粋したものです。

最高値更新

仮想通貨取引所「ビットバンク」によると、BTCの相場は（8月）15日午後に一時、初めて1ＢＴＣ＝50万円台を付けた。17日は46万～49万円台で取引されている。今年1月時点では、10万円前後で取引されていた。8か月で約5倍になった計算だ。

（中略）ＢＴＣを巡っては、取引量の急増でシステムの処理が遅れる問題が起き、対応方法を巡って業界内で対立。今月2日、一部の業者がＢＴＣを分裂させ、新たな仮想通貨「ビットコインキャッシュ」を作った。

分裂騒動の過程で、多くの取引所が一部の取引を停止させ、家電量販店などの小売店も決済を取りやめるなど、利用者にも影響が出ていた。

だが、分裂後は目立った混乱もなく、双方のシステムは安定して稼働しており、むしろ買い安心感が広がった。大手取引所「ビットフライヤー」の加納裕三社長は、「ビットコイン危機は過ぎ去った」と安全性を強調している。

このように、ビットコインはヤバいどころか、その価格が急騰しています。

この値動きを見れば、「**世間で騒がれていたビットコイン危機は、実はたいしたことはなかった**」ということが、よく分かるのではないでしょうか？

ただ、このあたりに関しては、今までにお話ししてきた知識さえあれば、「騒ぎすぎじゃないか？」と感じられたはずですし、実際に、私はそのように感じていました。

この結果はあくまでも予測の範囲内であって、十分に予測できたことなのです。


ちなみに、ビットコインに再び分裂騒動が起きています。

2017年10月に**ビットコインゴールド**、11月に**B2X（仮称）**が生まれるハードフォークが2回予定されています。

基本的には、これらも**ビットコインのブロックチェーンが分岐して生まれる暗号通貨**です。


知識がないと、「**世の中の雰囲気**」に流されてしまいます。

そして、**世の中の空気や雰囲気に流されてしまうことが、投資をする上では、実は一番怖いこと**なのです。


ためしに、ここまでのお話を理解していただいた上で、もう一度、「はじめに」でご紹介したロイター通信の記事を読んでみてください。

はじめは専門用語のオンパレードで理解できなかった記事も、今読めば、「何が起こっていたのか」を正確に理解できるのではないでしょうか？

もし、記事を正確に理解できるのならば、それはあなたが「ビットコインに関する基礎知識」を得た、何よりの証拠と言えます。

大事なことなので、繰り返しますが、**投資で失敗したり、騙されたりしないようにするために必要なのは、やはり知識**なのです。

さて、ここまでの基礎知識をベースにして、次の第2講では、実際にビットコインを買ったり、使ったりする段階に入ります。

ビットコインを買う際、あなたは必ず「**ウォレット**」を持たなければなりませんが、「ウォレット」とは、いったい何なのでしょうか？

また、ビットコインを使うことには、いったいどんな**メリット**があるのでしょうか？

一方、何か**デメリット**はあるのでしょうか？

次講では、そういった点を詳しく解説します。

第2講
実践！ ビットコインの買い方・使い方

❶ 「ウォレット」って何？

さて、ビットコインの基本原理を理解していただいた上で、次はいよいよ「ビットコインを所有する」段階に入ります。

現在、ビットコインを手に入れる方法は、主に2つです。

①取引所でビットコインを買う
②マイニングで掘り当てる

②の「マイニングで掘り当てる」については、のちほど第3講で詳しく説明しますが、現在、この手法は、ビットコインに関しては、**素人が1人でやるのはほぼ不可能**です。ですから、ほとんどの方は、**①の「取引所でビットコインを買う」というのが、「ビットコインを手に入れるための一番手っ取り早い方法」**と言えるでしょう。

「取引所で暗号通貨を買うといっても、いまいちイメージが湧かないのですが……」

そう感じる方は、空港の両替所などで、**円をドルやユーロに交換するイメージ**をしていただければ分かりやすいと思います。

両替のレートが刻一刻と変わっていて、その時々のレートで、円とドルを交換する。同じように、実際、ビットコインのレートも、刻一刻と変化しています。

ですから、「**暗号通貨の取引所**」というのは、為替相場で言うところの「**両替所**」のようなものです。

現在、日本には10を超える暗号通貨の取引所がありますが、これは「10を超える両替所が日本にある」と考えれば、分かりやすいでしょう。

さて、ここで、ビットコイン関連の書籍を読むと、必ずと言っていいほど出てくる「**マウントゴックス社の破綻**」について、触れておきましょう。

当時、世界最大のビットコイン取引所であったマウントゴックス社が突然、取引を全面停止し、経営破綻したのは2014年のことでした。

その後、社長が横領容疑で逮捕されましたが、社長の横領だったのか、それともハッキングによって資金を奪われてしまったのか、真相は今も分かっていません。

しかし、この事件がメディアによって大々的に取り上げられ、「**ビットコイン**」=「**怪しい**」というイメージを世間に与えたことは、否定できません。

しかし、よくよく考えてみてください。

例えば、空港の両替所が1つ潰れてしまったとしましょう。

そのことで「円やドルが危ない」ということになるのでしょうか?

当然、なりませんよね?

それと同じことで、**マウントゴックス社というのは、あくまでも取引所(両替所)の1つ**にすぎません。取引所が1つ潰れたからといって、必ずしも「ビットコインが危ない」ということにはなりません。

実際、マウントゴックス社の破綻後、一時的にビットコインの価格は急落しましたが、すぐに元値に回復しました。35ページのチャートのとおりです。

　このあたりをよく分かっていないと、「ビットコインは怪しい。マウントゴックス社だって潰れたし……」といった形で、世間の雰囲気に流されかねないので、注意が必要です。


　さて、話を元に戻しますが、ビットコインを買う場合、あなたは必ず「**ウォレット**」を所有することになります。

「ウォレット」は日本語で「財布」の意味ですが、ビットコインのウォレットとは、いったいどういうものなのでしょうか？

　詳しく説明しましょう。


　実は、ウォレットには、様々な形があります。

　まず、大きく分けると、「**ネットワークに接続しているタイプ**」と「**ネットワークに接続していないタイプ**」に分けられます。

「ネットワークに接続しているタイプ」を「**ホットウォレット**」といい、「ネットワークに接続していないタイプ」を「**コールドウォレット**」といいます。

前者の代表的なものは「**WEBウォレット**」、後者の代表的なものは「**ハードウェアウォレット**」になります。

まず「WEBウォレット」ですが、これは「**インターネット上の財布**」です。物理的な財布ではなく、あくまでもバーチャルな財布なので、「財布」というよりも、**銀行などの「専用の口座」**をイメージしていただければ、分かりやすいでしょう。ほとんどの方が使用しているのは、この「WEBウォレット」になります。

一方、「ハードウェアウォレット」は、**USBメモリーをパソコンに接続して使う仕組み**になっています。

なぜ、こうした形で、たくさんのウォレットがあるのでしょうか？

それは、それぞれに**メリット**と**デメリット**があるからです。

まず、ネットワークに接続しているタイプのウォレットは、データが管理されているのはあくまでもWEB上です。ですから、**仮にスマートフォンを失くしたとしても、別のスマートフォンやパソコンからのログインが可能**です。

ウォレットの種類

ネットワークに接続していないタイプ ＝ **ホットウォレット**

ネットワークに接続しているタイプ ＝ **ホットウォレット**

WEBウォレット ➡ インターネット上の財布。**銀行の「専用口座」のようなもの**で、仮にスマートフォンを失くしても、別のスマートフォンからでもログインが可能。

ネットワークに接続していないタイプ ＝ **コールドウォレット**

ハードウェアウォレット ➡ **USBメモリー**の中にデータが入っているタイプのウォレット。パソコンに接続して使う。

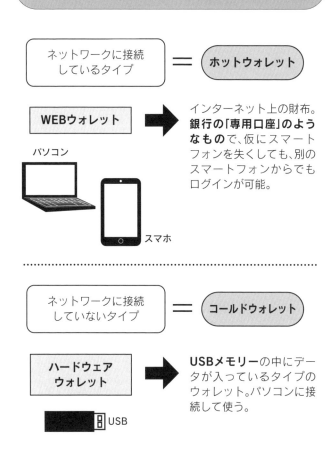

もし財布を落として、銀行のカードを失くしてしまったとしても、そのカードを無効化して別のカードを作り直せば、銀行口座の中身は安心ですよね？

それと同じことです。

一方で、デメリットもあります。

オンライン上でデータが管理されているということは、**ハッキングなど、ネット上の脅威にさらされるリスク**を否定できない点です。

こうした点で言うと、ＵＳＢメモリーなど、オフラインで管理をされている「ハードウェアウォレット」には、そうした脅威を避けられるというメリットがあります。

「でも、ＵＳＢメモリーを失くしたら、保管しているビットコインが失くなってしまいますよね？」

そう思われた方もいるでしょう。

その点は大丈夫です。なぜなら、**ビットコインを保管しているＵＳＢメモリーを失くしたとしても、復旧できる**からです。なぜかという理由は複雑なので割愛させていただきますが、ビットコインはブロックチェーンという唯一無二の場所に記録されているので、「復元コード」を使うことで、ウォレットを復元できるのです。

そのため、ハッキングリスクがない分、**ハードウェアウォレットは多額のビットコインを保管するのに向いています。**

デメリットがあるとすると、保管しているビットコインを送信するのにＵＳＢメモリーをパソコンに接続する必要があるので、**気軽に送信することができない**という点が挙げられるでしょう。


このように、それぞれにメリットとデメリットがあります。

オススメの保管方法としては、しばらく動かす予定がないビットコインはハードウェアウォレットに保管し、買い物など、直近で気軽に動かしたい分だけ、ＷＥＢウォレットに保管しておくといいでしょう。

メリットとデメリットを理解し、それぞれの用途によって、分散管理をする必要があるのです。

❷ 「WEBウォレットを有効に活用する方法」とは？

さて、以上を理解していただいた上で、次の話に移りましょう。

実はビットコインを所有している方から、次のような相談を受けることがあります。

「すでにウォレットを1つ持っているのに、業者から、別のウォレットを作ってくれと言われるんですよ。どういうことなんでしょうか？　どうして、別のウォレットが必要なんですか？」

実は、「WEBウォレット」の中にも、様々な種類があります。

大きく分けると、「**取引所のウォレット**」「**送受信のウォレット**」「**投資のウォレット**」「**デビットカードのウォレット**」の4つになります。

順番に説明しましょう。

まず「取引所のウォレット」ですが、これは「**bitFlyer（ビットフライヤー）**」や「**Coincheck（コインチェック）**」といった取引所が提供しているウォレットです。

取引所でビットコインの売買をするだけでなく、ビットコインを送金したり、受け取ったりという「送受信の機能」も付いているウォレットです。

現在、取引所のウォレットは、銀行だけなく、**コンビニからの入金も可能**です。「コンビニからでも入金できる」と言われると、非常にお手軽感があるのではないでしょうか？

ちなみに現在、ビットコインは、**ほとんどの取引所で０・０００１ＢＴＣ**（仮に１ＢＴＣ＝50万円の場合は50円）**から売買可能**です。

「どの取引所を選ぶか」という点で言うと、「bitFlyer（ビットフライヤー）」は「三菱ＵＦＪキャピタル、ＳＭＢＣベンチャーキャピタル、みずほフィナンシャルグループといった大企業が資本参加しているから、比較的安心」という面があります。

一方、「Coincheck（コインチェック）」は「チャートなどの操作画面が見やすい」といった面で非常に利便性がよく、それぞれに特徴があります。

このあたりは、それぞれの優先順位に合わせて、取引所を選ぶといいでしょう。

次に「送受信のウォレット」ですが、これは単純に、ビットコインを送受信するだけのウォレットです。

こうしたウォレットのサービスを提供しているのは、**「BLOCKCHAIN（ブロックチェーン）」「Copay（コペイ）」「breadwallet（ブレッドウォレット）」**などです。

これらのウォレットにビットコインを入れる場合は、「bitFlyer（ビットフライヤー）」や「Coincheck（コインチェック）」といった取引所で買ったビットコインを、「BLOCKCHAIN（ブロックチェーン）」「Copay（コペイ）」「breadwallet（ブレッドウォレット）」などの送受信ウォレットに移す形になります。

「取引所のウォレットにも、送受信の機能は付いているんですよね？　どうして、わざわざ送受信専用のウォレットにビットコインを移す必要があるんですか？」

そのように思うかもしれませんが、その理由は主に2つあります。

WEBウォレットの種類と使い方

取引所のウォレット

bitFlyer（ビットフライヤー）
Coincheck（コインチェック）

まずはここでビットコインを買って、
送受信のウォレットに送信。

↓

送受信のウォレット

BLOCKCHAIN（ブロックチェーン）
Copey（コペイ）
breadwallet（ブレッドウォレット）

「送受信のウォレット」から、それぞれの目的に合わせて送信。
送受信のタイムラグが少なく、便利。

↓

投資をしたい場合

↓

「投資用のウォレット」
に送信。

↓

デビットカードとして
利用したい場合

海外の銀行などが
発行しているカード

↓

ATMからお金を
引き出すことも可能。

１つ目は「**タイムラグ**」です。

取引所のウォレットよりも、送受信専用のウォレットの方がスピードが速いため、送受信専用のウォレットの方が、送受信のタイムラグがありません。

また２つ目の理由としては、送受信のウォレットにビットコインを移すことで、**リスクを分散できる**という点が挙げられます。

取引所のウォレットだけでビットコインを管理していると、仮に取引所で何かあった場合、大きな損失を被る可能性も否定できません。

マウントゴックス社の破綻が、そのいい例でしょう。

２０１４年には、マウントゴックス社だけでなく、カナダの取引所である「Flexcoin（フレックスコイン）」もハッキングにより、破綻に追い込まれています。

現在、日本最大手の取引所である「bitflyer（ビットフライヤー）」のバックには、大手の損害保険会社が付いていて、仮に取引所が破綻したとしても、ある程度の損失は補償される仕組みになっています。

しかし、だからと言って、１００％安心というわけではありません。

取引所は、常にハッカーに狙われる危険性があるため、用心をするのに越したことはありません。

銀行預金の場合も、仮に銀行が潰れてしまえば、ペイオフの制度により、最大で１０００万円しか戻ってきませんよね？

リスクを分散させるためには、複数の銀行に口座を持つことが大切です。

それと同じことで、ビットコインの場合も、**ウォレットを分散させて、損失のリスクを回避する必要がある**のです。

ですから、取引所で買ったコインの一部は、できれば「BLOCKCHAIN（ブロックチェーン）」「Copay（コペイ）」「breadwallet（ブレッドウォレット）」などの送受信専用のウォレットに移すことをオススメします。

そのウォレットから、投資をしたい場合には「**投資のウォレット**」、デビットカードを利用する場合には「**デビットカードとの連携サービス**」**を提供しているウォレット**に、ビットコインを送るといいでしょう。

少しだけ説明を付け加えておくと、デビットカードとの連携サービスは、ウォレットにビットコインを入れておくと、カードが発行され、デビットカードとして使用することができます。

このカードを所有していれば、カードで買い物をしたり、ATMで現金を引き出したりすることも可能です。

例えば、韓国のATMで引き出せば「ウォン」、タイのATMで引き出せば「バーツ」という現地の通貨が出てきますから、とりわけ旅行者にとっては、非常に便利なカードと言えるでしょう。

もちろん、**日本にあるATMで、日本円を引き出すことも可能**です。

ビットコインを日本円にする場合、取引所でビットコインを売って、日本円にするのが一般的です。

ですが、デビットカードを使って、ATMで日本円を引き出せば、1回につき3・5ドルの手数料を取られますが、**取引所を介さずに、ビットコインを日本円に換金することも可能**なのです。

「なるほど。デビットカードのメリットは、よく分かりました。でも実際に使う場合には、いったいどのサービスを利用したらいいんでしょうか？」

この点については、一概には言えませんが、これまではWirex（ワイレックス）やXAPO（ザポ）というデビットカードが有名でした。しかし、現在は法規制により、使用が制限されています。

そのため、海外の銀行が発行しているビットコイン対応のデビットカードを使うなどするといいでしょう。

このように、**一言で「ウォレット」といっても、その種類や機能には様々ある**ということを、ここでは押さえておいてください。

❸ ビットコインを使う際の「メリット」「デメリット」とは？

さて、ウォレットについて理解し、実際にビットコインを買ったら、次はいよいよそれを使う段階に入ります。

「ウォレットについては、よく分かりました。でも、ビットコインを使うと、いったいどんなメリットがあるんですか？　またビットコインを使うことによって、何かデメリットはあるんでしょうか？」

そうした疑問を持つ方々のために、ビットコインのメリットやデメリットについて、簡単に整理をしてお話しします。

まず、メリットですが、ビットコインの一番の魅力は、何と言っても「**手数料の安**

さ」でしょう。

なぜ、手数料が安いのかというと、それは銀行を介さず、個人間、もしくは企業間での直接のやり取りが可能だからです。

そして、それを可能にしたのが「ブロックチェーン」の技術であるということは、すでに説明をさせていただいたとおりです。

手数料の安さで、一番分かりやすい例は、やはり「**海外送金**」でしょう。

例えば、タイから日本に出稼ぎに来ている人が、日本で稼いだ10万円をタイに送金するとします。

この場合、銀行によって差はありますが、１回につき、だいたい３７５０円の手数料を取られてしまいます。ですから、毎月10万円を送金した場合、年間で４万５０００円もの手数料を取られてしまう計算になります。

では、タイでの４万５０００円というのは、いったいどれくらいの価値を持つのでしょうか？

ざっくり言うと、この手数料の合計金額は、タイで生活する人の「1カ月分以上の生活費」になります。また、送ったお金が着金するまでには、数日から数週間かかってしまうことがほとんどです。

利用者からすると、「手数料を取られる上に、不便この上ない」というのが本音ではないでしょうか？

これをビットコインにすると、すぐに着金しますし、手数料もほぼかかりません。

そのため、ビットコインは、**銀行を中心とした「お金の流れ」を大きく変えてしまうのではないか**と言われています。

実際、経済学者として有名な野口悠紀雄氏は、著書『仮想通貨革命―ビットコインは始まりにすぎない』（ダイヤモンド社刊）で、次のように書いています。

二〇一二年の全世界貿易量は約一五〇〇兆円だ。仮に為替スプレッドを含めた銀行の手数料がこの四％であるとすると、六〇兆円になる。この一割がビットコインに移行するだけで、銀行の収入は六兆円失われる。銀行の経営基盤は大きく揺らぐだろう。

昨今では、Finance（ファイナンス）とTechnology（テクノロジー）を合わせた「**FinTech（フィンテック）**」という造語が、「**銀行の破壊者**」として、世界中のメディアで注目されていますが、野口氏の著書を読むと、そのインパクトの大きさが理解できるのではないでしょうか？

こうした点から、ビットコインは「**将来、ドルやユーロに代わる基軸通貨になるのではないか**」とも言われています。

一般の方だと、海外送金をする機会はあまりないかもしれません。

ですが、手数料が安いということは、例えば「**クラウドファンディング**」などを行う際には、ビットコインの方が、利便性が高いと言えます。

「クラウドファンディング」というのは、英語で「群衆」を意味する「crowd」と「資金調達」を意味する「funding」を合わせた造語です。

具体的には、**インターネットなどで不特定多数の人たちから少しずつ資金を募り、プロジェクトを実行する仕組み**になります。

例えば、「会社を立ち上げたい」とか、「震災復興のための寄付金を募りたい」といった場合に、このクラウドファンディングが利用されます。

出資金や寄付金も、今はインターネットを頼る時代になっているのです。

例えば、100円、200円といった少額の寄付をしたいと思っても、銀行を介すると、逆に手数料の方が高くなってしまいます。

そのため、今までは「二の足を踏んでしまう」というケースが多々ありました。

しかし、ビットコインの場合、ほぼ送金手数料がかからないので、気軽に寄付をすることができます。

ですから、**「寄付金を募りたい」**という方にとっても、**「寄付をしたい」という方にとっても、双方にとって、ビットコインを利用する価値は高い**と言えるのです。

ビットコインは消費者だけでなく、**お店の側にもメリット**があります。

例えば、クレジットカード決済の場合、お店は数万円以上するクレジットカード決済用の機器を購入しなければなりません。

一方、ビットコインの決済は、スマートフォンにアプリをインストールするだけなので、導入コストがほぼかかりません。

また、お客さんがクレジットカードを使うと、お店側はクレジットカード会社に３～５％の手数料を支払わなければなりません。

しかし、ビットコインの場合は、**手数料は１％程度**で済みます。

例えば、世界最大のショッピングモールAmazonは１日に３００億円を売り上げていると言われています。この内の大半がクレジット決済で、AmazonはVISAやMasterCardに年間数千億円もの決済手数料を支払っています。

この一部が仮にビットコイン決済に代わったら、Amazonにとって、とてつもなく大きなコスト削減に繋がるでしょう。

このように、**企業にとっても、ビットコインは大きなビジネスチャンス**になっているのです。

また、１日24時間、「**時間の制約のないお金のやり取り**」ができる。これも、ビットコインを使う際のメリットの１つと言えるでしょう。

例えば、銀行で送金をする場合、「午後3時までに振込みをしないと、翌日の着金になってしまう」といった時間の制約がありました。

しかし、ビットコインの場合は、こうした時間の制約がなく、1日24時間、365日取引が可能です。

また、今までは銀行口座を作るために、銀行まで足を運ぶ必要がありました。

しかし、ビットコインの場合には、そうした必要がありません。

ビットコインのウォレットは、個人のパソコンやスマートフォンに入れることができるため、端末とネットに繋がる環境さえあれば、いつでも誰でも、簡単に作成することができます。

こうした「時間や場所の制約がない」という点も、ビットコインを使用するメリットの1つと言えるでしょう。

では、ビットコインを使う際のデメリットは、いったいどういったところにあるのでしょうか？　それは何と言っても、「**ハッキング**」です。

ビットコインはオンライン上の通貨です。

ですから、ビットコインを使う以上、ハッキングの危険性は、常につきまといます。

しかし、この点について言うと、**ハッキングを避ける努力**をすることはできます。

例えば、パソコンにＩＤやパスワードなどを記録させておく人がいますが、これは、ハッキングの餌食になりやすいと言われています。

面倒くさいかもしれませんが、**パソコンにＩＤやパスワードなどを記録させるのは、避けた方が無難**でしょう。

また「**二段階認証**」を使うのも、１つの手です。

「二段階認証」とは何か？　これはウォレットにログインする際に、２回の認証をする設定のことを言います。

例えば、通常は、ログイン時にＩＤとパスワードを入力すると、ログインできますが、二段階認証は、そこにもう1つの認証を加えます。

具体的に言うと、ＩＤとパスワードを入力すると、ショートメールなどで、その都度変更される「セキュリティコード（6桁の数字など）」が送られてきて、そのセキュリティコードを入力しないと、ログインできない仕組みになっています。

これが二段階認証です。

ひょっとしたら、あなたは「そんなの面倒くさいよ……」と思うかもしれません。しかし、ビットコインは、あくまでもお金であり、仮にハッキングされれば、あなたは大切なお金を失ってしまうことになるかもしれません。

ビットコインに限らず、紙幣や硬貨の場合も、ずさんな管理をしていれば、誰かに盗まれてしまう危険性は否定できません。

例えば、公共の場で、これ見よがしに100万円の札束を出せば、その場でスリにあっても、文句は言えないでしょう。

100万円の札束を、公共の場で無造作に出す方が悪いからです。

そのように考えると、何もビットコインだけが、特別に盗まれる危険性が高いというわけではありません。

「ビットコインも大切なお金である」という認識を持ち、面倒くさがらずに、セキュリティを徹底することが大切なのです。

ビットコインを使う際のメリット、デメリット

メリット

●手数料が安い

銀行を介さないため、手数料が安い。銀行を介すると莫大な手数料を取られる**「海外送金」**だけでなく、**「少額の寄付」**などにも向いている。

●時間の制約がない

銀行を介さないため、例えば「午後3時までに振込みをしないと、翌日の着金になってしまう」といった時間の制約がない。またウォレットの場合、銀行口座のように、**銀行に足を運ぶ必要がない**ため、便利。

デメリット

●ハッキングの危険性がある

オンライン上の通貨のため、ハッキングの危険性は避けられない。

↓

ただし、この点に関しては**「二段階認証」**や**「IDやパスワードなどをパソコンに記録しない」**といった形で対策を取ることが可能。

❹ なぜ、ビットコインは「今が買い」なのか？

さて、次講ではビットコインの投資に関するお話をさせていただきますが、ビットコインは、その利便性もさることながら、**「投資対象」としても、非常に魅力的**です。

ですが、中には、次のように思う方もいらっしゃるのではないでしょうか？

「ビットコインはすでに値が上がりすぎていて、もう投資対象としての魅力はないと思いますが……」

たしかに35ページのチャートのとおり、ビットコインの価格は急騰しています。

今後、ビットコインの価格はどうなるのでしょうか？

その答えは誰にも分かりませんが、**短期的には乱高下をするものの、長期的に見る**

と、その価格はまだまだ上がるのではないかと予想しています。
なぜ、そのように言えるでしょうか？
主な理由は下記のとおりです。

①国による法整備が進んでいる
②政府による「キャッシュレス化」の推進
③円高

以下、順に説明しましょう。

■①国による法整備が進んでいる

なぜ、ビットコインは「今が買い」なのか？

まず、理由として挙げられるのは「**国の法整備が進み、通貨としての信用性が増している**」という点です。

２０１７年４月、「**改正資金決済法**」が施行され、暗号通貨に関する規制が新たに設けられることになりました。

例えば、取引所などの暗号通貨交換業者には、金融庁への登録が義務付けられ、実質、金融庁の管理下に入ることになりました。

この法律の最大の目的は、「**暗号通貨の利用者保護**」にあるということは、言うまでもありません。

また、この法改正によって、ビットコインを含む暗号通貨が「決済手段」として正式に認められ、**暗号通貨を購入する際の消費税が非課税**になりました。

今まで、暗号通貨は「モノ」や「サービス」と同じものと見なされ、例えばビットコインを購入する際には、８％の消費税がかかっていました。

のみならず、ビットコインで何かを購入する際にも消費税がかかっていたため、「二重課税ではないか」と言われていました。

正式に決済手段として認められたことにより、ビットコインなどの暗号通貨を購入する際の消費税は、非課税となったのです。

これにより、ビットコインを含む暗号通貨は、ますます使いやすくなりました。

このように、国による法整備はどんどん進んでいます。

また、それに伴い、ビットコインを含む暗号通貨は、利便性だけでなく、その信用性も向上しています。

このことから、ビットコインの価格は、まだまだ上昇するのではないかと考えられます。

■②政府による「キャッシュレス化」の推進

またこうした法整備に加えて、「政府がキャッシュレス化を推進している」ことも、今後の価格上昇の理由の１つに挙げられます。

イギリスの調査会社である「ユーロモニター」によると、**２０１６年のキャッシュレス（現金を使わない支払い）の普及率は、イギリスが64％、アメリカが50％、中国が48％**なのに対し、**日本はわずか26％**しかありませんでした。

政府は10年後の2027年までに、**日本におけるキャッシュレスの普及率を、今の20％台から40％台まで引き上げる**ことを目標に掲げています。

なぜ、政府はそうした目標を掲げているのでしょうか？

大きな理由としては、キャッシュレスに慣れた外国人、とりわけ中国人観光客の誘致に、**キャッシュレスのサービスは欠かせない**からです。

例えば、クレジットカード決済もキャッシュレスの1つですが、先ほどご説明をしたとおり、クレジットカード決済用の機器は高く、お店の側にとっては、ビットコイン決済の方が導入しやすいという面があります。

ですから、**今後はクレジットカード決済よりも、ビットコイン決済の方が普及していく可能性が高い**と言えるでしょう。

また、2020年には、**東京オリンピック**が控えています。

現在、日本国内でビットコイン決済に対応する店舗は、ビックカメラやマルイなどを中心に6000店舗あると言われていますが、この数は2020年に向けて、今後もどんどん増えていくことでしょう。

46ページでご説明したとおり、ビットコインの価格は、単純に需要と供給で決まります。

政府がキャッシュレス化を推進している以上、ビットコインユーザーは今後もどんどん増え続けることでしょう。

そうなれば、ビットコインの価格は、今以上に上がります。

だからこそ、ビットコインは「**今が買い**」なのです。

■③円高

ビットコインは、日本国内だけでなく、世界中で使える通貨です。

ということは「**円高**」、つまり「**他の通貨に対して、円の価値が高い時**」に**ビットコインを買っておいた方が割安**だと言えます。

では、今は円高なのでしょうか？

それとも、円安なのでしょうか？

その答えは、誰にも分かりませんが、**長期的に見ると、やはり円安に振れる可能性の方が高い**と言えるのではないかと思います。


例えば、2016年のGDPの成長率を見ると、**日本が約1%**なのに対し、**東南アジア諸国は、軒並み6~7%の成長率を達成**しています。

それに加えて、**日本はこれからどんどん人口が減っていきます**。高齢者が多く、人口ピラミッドもいびつな形になっています。


これに対し、成長著しい東南アジアでは、若い人が多く、人口がこれから増えていく国も数多くあります。

車でいうと、例えば時速20キロで走る日本に対し、東南アジア諸国は時速100キロで、日本を猛追しているようなものと言えるでしょう。

そのように考えると、今後、どちらの通貨が強くなるのかは、一目瞭然ではないでしょうか？

つまり、**日本円は長期的に見て、他の通貨に対して、これから安くなる**ことが予想されます。

そのように考えると、**円の価値が高いと考えられる今こそ「ビットコインの買い時」**なのです。

さて、次の最終章では、いよいよビットコインの「**具体的な投資戦略**」について、ご説明します。

あなたが「ビットコインで資産を殖やしたい」と思う場合、いったいどのように投資を行えばいいのでしょうか？

次講で詳しく解説します。

第3講
ビットコインであなたの資産を倍にする方法

❶ ビットコインの投資で「やってはいけないこと」とは？

最終章では、ビットコインに関する「投資」について、お話をしたいと思います。

この章は、まず「**私の失敗談**」から話を始めましょう。

私がビットコインに投資を始めたのは、２０１６年のことでした。

友人から、ビットコイン関連の投資案件が来たのですが、その友人が言うには、「**日利１％**」とのことでした。

正直、私は、耳を疑いました。なぜなら、そもそも投資の世界では、年利10％もあれば、超優良案件だからです。

「**日利１％？　そんなのはありえないだろう**」

おそらく、この本を読んでいるあなたもそのように思うでしょうが、私も同感でした。

結局、この案件に関しては、断りました。

しかし、ビットコインという暗号通貨の存在を知り、「面白いな」と感じた私は、２０１６年11月に、とりあえず10ＢＴＣを買ってみることにしました。

当時は１ＢＴＣ＝８万円ほどでしたから、80万円くらいの投資になります。

これが２０１７年の年明けに、１ＢＴＣ＝14万円と、**わずか数カ月で約2倍**になりました。

それと同時期に、ビットコインマイニングに投資できると知り、手持ちの10ＢＴＣを使って投資を始めました。「マイニングへの投資」に関しては、のちほど詳しく説明します。

また、イーサリアムやリップルといったアルトコイン（ビットコイン以外の暗号通貨）への投資も始めました。

これらが**それぞれ20倍、40倍といった形で価格が急上昇**しました。

マイニングの調子もよく、配当がたくさん出たため、結果的には元手150万円ほどで、**トータルで数千万円という利益**を上げることができました。

調子に乗った私は「暗号通貨は儲かる」と思い、「**HYIP（ハイプ）**」と呼ばれる案件にも手を出していきました。

HYIP（ハイプ）は、一言で言うと「**詐欺案件**」になります。

厳密に言うと「High Yield Investment Program」の略で、「**高利回り案件**」のことを指しますが、暗号通貨の世界では高利回りを謳った投資詐欺が流行ったため、「HYIP（ハイプ）」＝「詐欺」という意味合いで使われることが多いです。

なぜ、私は失敗をしたのか？

今、振り返ってみると、「**暗号通貨に関する知識が乏しかった**」という点と、「**いつまでに、いくら稼ぎたい**」**という明確な目標を持っていなかった**ことに起因するのではないかと思います。

確固たる知識や明確な目標がなかったため、「何となく儲かりそう」と思い、たいして中身を精査することなく、またリスクについて知ることもなく、手当たり次第に「儲かりそうな投資案件」に手を出していきました。

そして、ことごとく失敗をしました。

つまり、ＨＹＩＰ（ハイプ）に問題があったというよりも、**私自身の考え方や投資スタイル自体に問題があった**のです。

その反省をもとに、「**トレード**」や「**アービトラージ**」といった投資手法を学び、今では安定した利益を出せるようになりました。

そして、「**フィンテック・インフォ**」というビットコインを始めとした暗号通貨関連の情報提供サイトを立ち上げ、今に至っています。

ひょっとしたら、あなたは次のように思うかもしれません。

「数百万円の損をしたといったって、数千万円儲けて、トータルでプラスなんだから、別にいいじゃないですか」

そのように思われるかもしれませんが、「今なら、もっとうまくやれたのに……」という後悔の念は尽きません。

そして何より、「これから投資をしよう」というあなたに、私と同じ失敗をしてほしくありません。

私の場合、はっきり言ってしまえば、**ただラッキーだっただけ**です。

投資をした時期がよかっただけで、**当時の無知な私が今、投資をすれば、逆に大損をしてしまう可能性の方が高い**かもしれません。

これから詳しく説明しますが、暗号通貨関連の投資には、**数多くの詐欺案件**が含まれています。

私は運良く、成功しましたが、あなたが「これから投資を始めよう」という場合、はじめに詐欺案件をつかんでしまえば、ゲームオーバーです。

ですから、まずは「**いつまでに、いくら稼ぎたい**」**という明確な目標**を決めてください。

その上で、**その目標にあった投資スタイルを選択することが大切**です。

次項、「**具体的な投資戦略**」について、説明します。

❷ あなたの資産を倍にする「ベストな投資法」とは？

先ほどお話をしたように、投資は個々人によって、持っている資産も違えば、目標も違います。

ですから、ただ漠然と投資をするのではなく、「**いつまでに、いくらぐらいの資産を作りたいのか**」を、ざっくりでかまわないので、まずは決めることが重要です。

その上で、「**暗号通貨の投資には、どのような種類があって、どの程度のリスクがあるのか**」という点を学びましょう。

そして、**それぞれの目的に合わせて、ポートフォリオ**（金融資産の組み合わせ）**を組むことが大切**です。

次ページの表をご覧ください。

まず、資産の目標ですが、ざっくりと3つに分けました。

目標設定とポートフォリオの組み方の例

①数カ月で資産を倍にしたい方	ハイリスク・ハイリターン　**50%** ミドルリスク・ミドルリターン　**30%** ローリスク・ローリターン　**20%**
②1 ～ 2年で資産を倍にしたい方	ハイリスク・ハイリターン　**10%** ミドルリスク・ミドルリターン　**50%** ローリスク・ローリターン　**40%**
③3年後に資産を倍にしたい方	ハイリスク・ハイリターン　**5%** ミドルリスク・ミドルリターン　**15%** ローリスク・ローリターン　**80%**

前ページの表にあるとおり、例えば、「1〜2年で資産を2倍にしたい」という方は、「ハイリスク・ハイリターン10％」「ミドルリスク・ミドルリターン50％」「ローリスク・ローリターン40％」といった形でポートフォリオを組むといいでしょう。

では、例えば、「ハイリスク・ハイリターンの投資法」というのは、いったいどういったものがあるのでしょうか？

この点に関しては、次ページの表をご覧ください。

それぞれ、「**ハイリスク・ハイリターンの投資法**」「**ミドルリスク・ミドルリターンの投資法**」「**ローリスク・ローリターンの投資法**」をまとめています。

これらを組み合わせて、ポートフォリオを組むといいでしょう。

なぜ、こうしたポートフォリオを組むのが重要かというと、なかなか「これだけをやっていればOK」という投資法はないからです。

いくつかの手法を組み合わせて、リスクを分散しながら、ぜひ目標の資産を目指していただければと思います。

リスク別投資法のまとめ

ハイリスク・ハイリターンの投資法	**①トレード** →詳しくは114ページへ。 **②ICO** →詳しくは120ページへ。
ミドルリスク・ミドルリターンの投資法	**①マイニング** →詳しくは126ページへ。 **②新興の上場通貨を保有する** →詳しくは138ページへ。
ローリスク・ローリターンの投資法	**①アービトラージ** →詳しくは134ページへ。 **②古参の上場通貨を保有する** →詳しくは138ページへ。

※人によって、リスクとリターンの考え方が異なるので、「アービトラージがローリスクなんておかしいだろう」という方や「マイニングはハイリスクだろう」という方もいらっしゃると思います。初心者の方向けに分かりやすくしたものなので、あくまでも参考として捉えてください。

❸ ハイリスク・ハイリターンの投資法① トレード

まずはトレードですが、これは単純です。

安く買って、高く売る。これだけです。

短期トレードの場合、それを1日、時には数時間、数分といった短期間で繰り返して、利益を得る手法になります。

例えばＦＸの場合、ＭＴ４というツールを使って、シグナル配信を元に予想をしたりすることも可能ですが、暗号通貨の場合は、それがありません。

いずれ、そうしたツールが出てくると思いますが、現段階では、自分で「今後上がるのか、それとも下がるのか」を予想しなければなりません。

では、ビットコインは、いったいどういった要因で上げ下げするのでしょうか？

この点に関して言うと、ＦＸの場合、例えば「要人の発言」や雇用統計などの「経済指標」が、それぞれの通貨の価格に影響を与えます。

しかし、ビットコインの場合には、例えば「この数値を見ておけばいい」といったものは、現時点ではありません。

46ページでお話ししたように、ビットコインは金（ゴールド）に近い性質を持っていますから、例えば、国際情勢が緊迫するといった場面では、「**有事のビットコイン買い**」といった形で価格が上がります。

逆に、「投資家の多い中国で、ビットコインに規制がかかった」というニュースが流れたりすると、価格は下がります。

そうした点で言うと、**まだまだ漠然としたところで価格が動くことが多く、短期的なトレードはなかなか難しい**と言えるでしょう。

チャートを読める方は、チャートを利用する手もありますが、それができない場合は、とにかく「**最新ニュースに気を配る**」といった対策しかありません。

ちなみに「ＦＸって何？」という方に簡単に説明すると、ＦＸは「Foreign

eXchange」の略で、いわゆる「**外国為替証拠金取引**」と呼ばれるものです。

例えば、仮に1ドル100円だったとしましょう。

あなたが1万円をドルに替えると、100ドルを手にすることができます（本来、手数料がかかりますが、ここでは手数料は無いものと考えます）。

この100ドルを、仮に1ドル110円の時に、円に替えると、1万1000円（100ドル×110円）を手にすることができます。

つまり、為替取引（円とドルの交換）だけで、1000円の利益を出せたわけです。

では、逆に1ドル80円の時に、手持ちの100ドルを円に替えたとしたら、どうでしょうか？

あなたは8000円（100ドル×80円）しか受け取ることができません。

つまり、為替取引で2000円の損失を出してしまったということになります。

これがFXの基本になります。

こうしたFX取引は、しばしば「**ハイリスク・ハイリターンの投資法**」と言われますが、それはなぜなのでしょうか?

その秘密は「**レバレッジ**」にあります。

レバレッジとは何でしょうか?

簡単に言うと、レバレッジとは「**てこの原理**」のことで、仮にあなたが1万円しか持っていなくても、10万円を持っているのと同じ取引ができる仕組みです。

そして、FXの特徴は「**レバレッジを効かせることができる**」という点にあります。

例えば、あなたが今、1万円しか持っていないとしましょう。

その1万円を証拠金として預けて、10万円の取引を行えば、レバレッジは10倍（1万円×10）ということになります。

小さな金額を「**証拠金**」**として預けることで、大きな金額を動かす。**

この原理を、小さな力で大きな物を持ち上げる「てこ」になぞらえ、「レバレッジ」と呼んでいるのです。

さて、暗号通貨に話を戻しますが、**暗号通貨の場合も、取引所によって倍率は異なりますが、レバレッジを効かせることが可能**です。

そして、レバレッジを効かせれば効かせるほど、「ハイリスク・ハイリターン」の投資になっていきます。

では、暗号通貨における投資において、あなたはレバレッジを利用するべきなのでしょうか？

結論から言うと、**高倍率のレバレッジをかけることは極力避けるべき**でしょう。

なぜなら、ビットコインの市場規模は、２０１７年10月の現時点で7～8兆円と非常に小さく、**ボラティリティ（価格の変動率）が高い**からです。

仮に中国の投資家が大量に買ったり、売ったりといったことをすると、どうしても価格が乱高下してしまう傾向があります。

こうした価格の乱高下が激しい中で、高いレバレッジをかけると、大きな損失を出して、二度と立ち上がれなくなってしまうかもしれません。

そうした点で言うと、**ビットコインのトレードは、わざわざレバレッジをかけなく**

ても、ハイリスク・ハイリターンだと言えるでしょう。

市場というのは、参加をしさえすれば、何度でもチャンスを与えてくれます。

ですから、**二度と立ち上がれなくなるような致命傷を負うことだけは、何としてでも避けなければなりません。**

その観点から言うと、高い倍率のレバレッジを効かせることは、極力避けるべきなのです。

例えば、「FXでレバレッジをかけたトレードは慣れている」といった方は、多少のレバレッジをかけてもかまいません。

ですが、トレードの初心者の場合、レバレッジは避けた方が無難と言えるでしょう。

❹ ハイリスク・ハイリターンの投資法② ＩＣＯ

次にＩＣＯですが、これは「Initial Coin Offering」の略で、**株式投資でいう「ＩＰＯ（Initial Public Offering の略）」のようなもの**です。

ＩＰＯは未公開株を買って、上場益を狙う手法です。

これと同じように、ＩＣＯは**未上場のコインを買って、上場益を狙う手法**になります。

ちなみに、暗号通貨における「上場」とは、取引所で扱われるようになることです。

暗号通貨は一般的に、取引所で扱われるようになると、その価値が急上昇します。

実は、今、初心者が一番騙されているのが、ＩＣＯです。

例えば、「**今、この通貨を買っておけば、近いうちに何十倍になりますよ**」といった謳い文句で、高齢者の方々が何百万円、何千万円といったお金を突っ込み、大損しているというケースがあとを絶ちません。

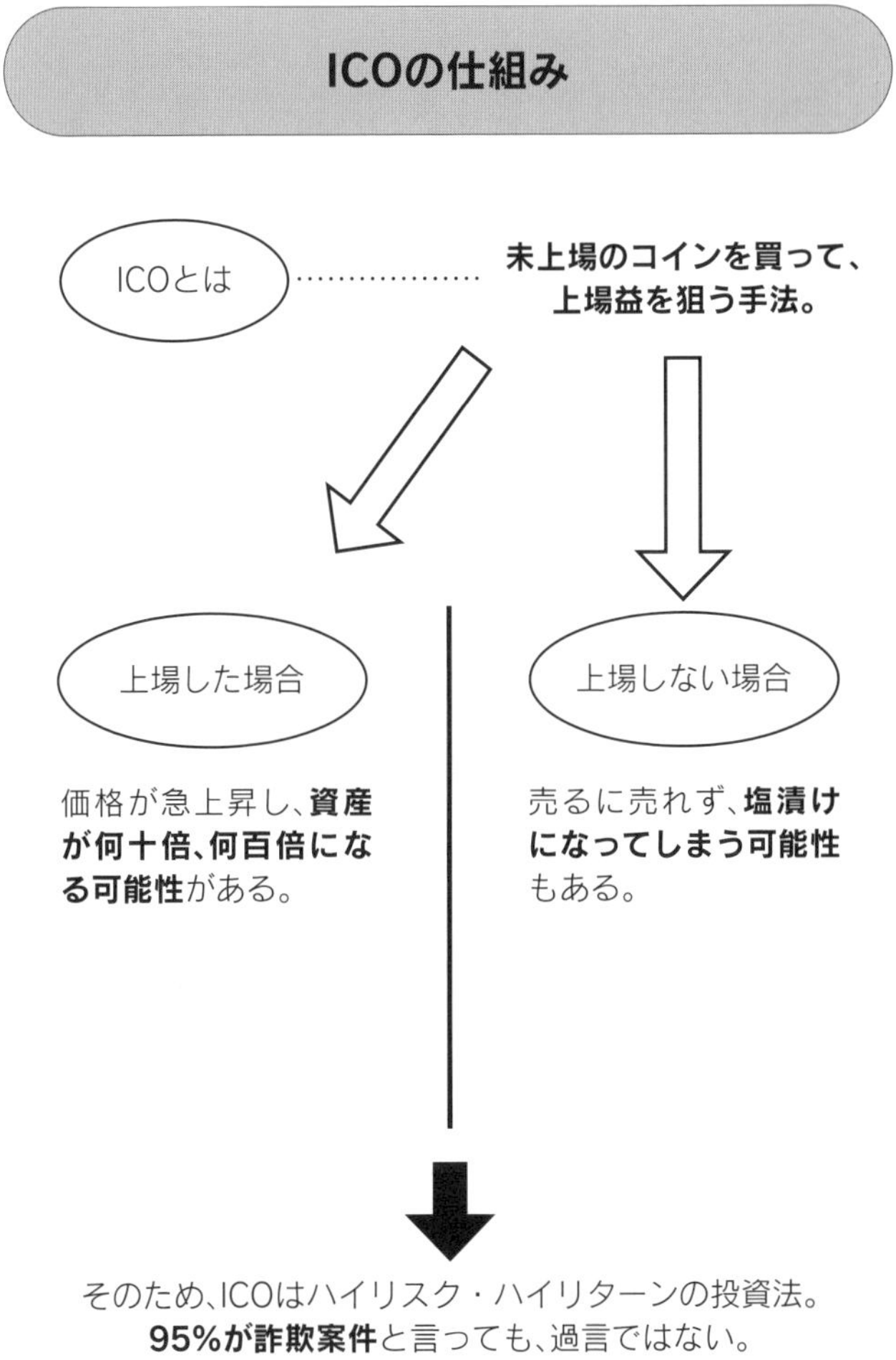
ICOの仕組み
ICOとは
未上場のコインを買って、上場益を狙う手法。
上場した場合
価格が急上昇し、**資産が何十倍、何百倍になる可能性**がある。
上場しない場合
売るに売れず、**塩漬けになってしまう可能性**もある。
そのため、ICOはハイリスク・ハイリターンの投資法。
95%が詐欺案件と言っても、過言ではない。

こうして騙される方の中には、「ファイナンシャルプランナーの肩書きを持っている人が大丈夫だと言ったから、間違いないと思った」などと言う人もいますが、彼らはあくまでも法定通貨の専門家であって、**暗号通貨に関しては、残念ながら、ほとんどの方が素人**でしょう。

ですから、相手が立派な肩書きを持っているからといって、「絶対に儲かる」などといった甘い言葉に騙されてはいけません。

ICOに話を戻しますが、様々な案件に投資をしてきた私の肌感覚から言うと、「**ICOの投資案件のうちの95%は詐欺**」と言っても、過言ではありません。

なぜ、今、ICOの投資案件が急増しているのでしょうか？

そして、なぜ、ICOの投資案件で騙される人が、あとを絶たないのでしょうか？

以下は、2017年8月26日付けの読売新聞の記事を一部抜粋したものです。

> ICOの利用が急増しているのは、インターネット上で事業計画を示せば、世界中の投資家から資金を集められるためだ。株式公開や融資のように配当や利子

を支払う必要がなく、経営にも口出しされない。

投資家にとっても株式の新規公開より、手軽に参加出来る。ビットコインなど短期間で価値が高騰する仮想通貨の例が相次ぎ、仮想通貨を早期に入手してもうけたいとの思惑もある。

ただ、ＩＣＯを悪用する事例も国内外で出てきている。ウェブサイトなどで架空の事業計画を示し、勧誘した投資家から大金を集めたところで、何も発行せずに逃げる手法だ。

米証券取引委員会は7月、ＩＣＯで発行される仮想通貨は条件によって「有価証券」に当たり、規制の対象とすると表明した。シンガポール中央銀行も8月に同様の声明を示したが、日本ではＩＣＯの法的な位置づけはあいまいだ。

仮想通貨に詳しい斎藤創弁護士は、「適切にＩＣＯが行われるように法整備などの議論を進めるべきだ」と話している。


いかがでしょうか？

この記事に書いてあるとおり、ＩＣＯが急増している背景には「儲けたい」という投資家の思惑だけでなく、**「ICOはお金を集めやすい」という、通貨発行者側の思惑**もあるのです。

ちなみに、ICO案件には、たいてい「**ホワイトペーパー**」という「**コインの仕様書**」があります。

この仕様書を読めば、「誰がどんな目的で作った通貨なのか」「どういう技術が使われているのか」「バックにどういった会社が付いているのか」「何枚発行予定なのか」といった詳細が書かれています。

ホワイトペーパーは、投資を決める際の1つの参考になるでしょう。

ただし、**ホワイトペーパーは英語で書かれていることがほとんど**です。

英語が分からないと読めない上、技術的な話は、素人が読んでも、正直、さっぱり分かりません。

そうした点で言うと、**ICOは玄人向けで、素人にとってはギャンブルに近い性質を持っている投資法**と言えるでしょう。

ＩＣＯは「ハイリスク・ハイリターンの投資法」なのです。

ですから、もしも「ＩＣＯに投資をしたい」と思うのであれば、**トレードや、のちほどご紹介する「アービトラージ」などの取引を繰り返しながら勉強し、まずは知識を付けていくことをオススメ**します。

トレードやアービトラージで利益が出せるようになったら、その利益を「ＩＣＯ」に振り分けてみてもいいでしょう。

素人がいきなりＩＣＯに手を出すのは、リスクが高すぎます。

あなたが「リスクを承知の上で、ＩＣＯにお金を突っ込む」ということであれば、あえて止めはしません。

しかし、先ほどお話ししたように「ＩＣＯの投資案件は95％が詐欺」であり、「素人がＩＣＯに投資をすることは、ギャンブルである」ということをしっかり認識して、行うようにしてください。

❺ ミドルリスク・ミドルリターンの投資法　マイニング

次にミドルリスク・ミドルリターンの投資法として、「マイニング」をご紹介しましょう。

現在、マイニングで報酬を得るパターンは、主に2つあります。

「**自分で機械を買い、マイニングをする**」か、もしくは「**マイニングをしている会社に投資をする**」かです。

前者に関して言うと、ビットコインに関しては、競争が激しくなり、**個人でマイニングをするのは、ほぼ不可能**な状態になっています。

例えば、マイナーな暗号通貨であれば、個人で対応することが可能な通貨もありますが、競争が激しくなるにつれて、個人でのマイニングは不可能になっていきます。

マイニングで報酬を得る方法

自分で機械を買って
マイニングをする

↓

現在、**ビットコインに関しては不可能。**マイナーな通貨であれば、個人でマイニングが可能なものもある。

マイニングをしている
会社に投資をする

↓

マイニングで得た報酬は、**手数料を差し引き、参加者に分配**される。

↓

少額から参加できるものもあり、比較的オススメ。ただし、マイニングの効率は、競争が激化していくにつれて、年々下がっていくため、注意が必要。

ですから、ビットコインやイーサリアムといった主要な暗号通貨で、個人がマイニングで報酬を得ようと思うのであれば、後者の「**マイニングをしている会社に投資をする**」**というのが、現実的な路線**になってくるでしょう。

ちなみに、複数の参加者が集まり、協力して暗号通貨をマイニングする仕組みを取り入れたサービスを「**マイニングプール**」といいます。

マイニングで得た報酬は、手数料を差し引き、参加者に分配される仕組みになっています。

「マイニングをしている会社に投資をする」というのは、こうしたサービスを提供している会社に登録して、参加するということを意味します。

投資金額は会社によってまちまちですが、**少額であれば、1口600ドル程度から参加することも可能**です。

マイニングの効率は、競争が激化していくにつれて、年々下がっていきます。

今後は何とも言えませんが、現在のところ、**ビットコインのマイニングの年利はだ**

いたい50%くらいです。

常に変動していますが、**イーサリアムの場合、年利100%くらい**になります。

「え、年利で50%とか、100%とか出るんですか？」

おそらく、本書を読んでいるあなたは、そのように感じることでしょう。

しかし、暗号通貨に関わっていると、そうした感覚はだんだん薄れていきます。

私が暗号通貨関連の投資で「年利50%」「年利100%」と聞くと、正直、「**ずいぶん少ないな**」と感じるくらいです。

先ほど触れましたが、「高利回り案件」のことを「HYIP（ハイプ）」と呼びます。

実は、この言葉の定義は非常に曖昧で、「どこからどこまでがHYIP（ハイプ）」という明確な定義はありません。

業界の人間は、ビットコインやイーサリアムのマイニングを「HYIP（ハイプ）」とは呼びませんが、「高利回り」という意味で使うのであれば、こうした案件も「H

YIP（ハイプ）」と呼んでも差し支えはないでしょう。

なぜなら、「年利50％」「年利100％」といった案件は、従来の投資案件では、ほぼありえないからです。

ここで肝心なのは、「何をもってHYIP（ハイプ）か」という言葉の定義ではありません。

世間では「HYIP（ハイプ）」＝「詐欺」というイメージが定着してしまっていますが、肝心なのは**HYIP（ハイプ）だからといって、必ずしも詐欺だとは言いきれない**という点です。

暗号通貨に関する投資案件は、高利回りの案件がゴロゴロしています。

詐欺案件が多いことは事実ですが、「**年利50％なんて、どう考えても怪しい**」と**いった先入観にとらわれるのではなく、その中身をしっかり精査することが大切**です。

さて、話を元に戻しますが、ビットコインにおける「マイニングプール」のシェア率というのは、いったいどうなっているのでしょうか？

それをまとめたのが次ページの表です。

ビットコインにおけるマイニングプールのシェア率

※2017年10月11日現在。

会社名	シェア率
AntPool	20.7%
BTC.TOP	13.8%
ViaBTC	11.0%
BTC.com	9.7%
F2Pool	9.2%
BTCC Pool	6.4%
Bixin	5.1%
SlushPool	4.8%
Unknown	3.9%
BitFury	3.8%
BitClub Network	2.6%
BW.COM	2.1%
Bitcoin.com	1.8%
GBMiners	1.8%
KanoPool	1.2%
1Hash	1.1%
BATPOOL	0.5%
Waterhole	0.3%
BitcoinRussia	0.2%

（BLOCKCHAINのホームページのデータより作成）

「マイニングで稼ぎたい」という場合は、この表を参考にして、こうしたサービスを提供している会社に投資をしてもいいでしょう。

また、マイニングで稼ぐ場合は、その中で「**通貨のポートフォリオ**」を組むことも重要です。

例えば、ビットコインだけでマイニングを行っていると、そこでのマイニング効率が落ちた場合、想定している利益を上げられなくなってしまう可能性があります。

ビットコイン、イーサリアムといった主要な暗号通貨は、マイニングの難易度がどんどん上がっていますが、**誰も注目していないような通貨は、マイニングも簡単**です。リスクはありますが、**資金の一部を、そうした、誰も注目していないような通貨のマイニングに振り向けて、保有しておくというのも1つの手**でしょう。

ここで1つ注意をしていただきたいのは、**マイニングはあくまでも競争**であるということです。

仮に強力な競争相手が出てくれれば、「先月は20％の配当が出ていたのに、今月は5％しか出なかった」といったことも十分考えられます。

当初予定していたマイニング報酬を得られなくなってしまうと、「騙された」「詐欺だ」「絶対に儲かるって言ったじゃないか」などと言って怒り出す人たちがいます。ですが、「マイニングは競争である」という点を理解していれば、これはリスクとして、当然起こりうることなのです。

仕組みも知らず、「こんなに儲かりますよ」といった売り文句に騙され、言われるがままに投資をしてしまうと、あとで大きな痛手を被りかねません。

仕組みとリスクを理解し、自分の頭で「投資するか否か」を判断することが大切です。

❻ ローリスク・ローリターンの投資法　アービトラージ

最後に、ローリスク・ローリターンの投資法として、「アービトラージ」をご紹介しましょう。

アービトラージとは何か？

一言で言うと、「**取引所間の価格差を利用して、利益を上げる手法**」になります。

実は、ビットコインの価格は、取引所によって、それぞれ異なります。

なぜ、価格が異なるのでしょうか？

それは、「ビットコインの価格が何で決まるのか」を考えてみれば、自ずと分かるのではないでしょうか？

ビットコインの価格が何で決まるか、あなたは覚えていますか？

ビットコインの価格は、需要と供給で決まります。

そして、需要と供給は、それぞれの取引所によって異なります。

つまり、**買いたい人と売りたい人のバランスは、それぞれの取引所によって異なる**のです。

だからこそ、取引所によって、価格差が生じます。

アービトラージは、こうした価格差を利用して、「**安い取引所で買い、高い取引所で売ることで利益を上げる手法**」になります。

例えば、取引所Aでは、1BTCの買いが40万円1000円、売りが40万円だったとしましょう。

一方、取引所Bでは、1BTCの買いが39万9000円、売りが39万円8000円だったとします。

この場合、まずは取引所Bで、1BTCを39万9000円で買います。

その後、その1BTCを取引所Aのウォレットに送って、40万円で売れば、差額の1000円を儲けることができます。

これが、アービトラージです。

この手法は、パソコンに張り付いていないといけないため、ウィークデーにサラリーマンが実践するのは、なかなか難しいでしょう。

しかし、**「事前に利益が見えている」**という点で言えば、**「手堅い投資スタイル」**と言えます。

現在のところ、取引所間で、1BTCあたり5000円くらいの価格差があることも珍しくありません。**FXだと、こうした取引はできませんが、暗号通貨の場合は、まだまだこうした取引を行うことが可能**です。

今後、アービトラージに関しても、FXのMT4のような、取引のチャンスをアラートで知らせてくれるようなツールが出てくることでしょう。

シグナル配信を元に売買できるようになれば、どこかの会社に投資をしたりする必要はなく、自力で儲けることが容易になります。

アービトラージの仕組み

取引所A	取引所B
1BTC	1BTC
買　**40万1000円**	買　**39万9000円**
売　**40万円**	売　**39万8000円**

↓

この場合、取引所Bで**39万9000円**で1BTCを買い、取引所Aで**40万円**で売れば、**1000円儲かる**。こうした各取引所の価格差に着目して稼ぐ手法を「**アービトラージ**」という。

さて、94ページでお話ししたように、ビットコインを含む暗号通貨の価値は、今後もどんどん上がっていくことが予想されます。

ですから、**ただ持って寝かせているだけでも、投資手法としては成立する**と言えるでしょう。

強いて言うなら、ビットコインやイーサリアムなど、**数年前からある古参の上場通貨を持っているのは、「ローリスク・ローリターン」**です。

これに対し、**上場したばかりの新興の通貨を持っているのは、「ミドルリスク・ミドルリターン」**と言えるでしょう。

投資の世界には、「**人の行く裏に道あり花の山**」という格言があります。

これは簡単に言うと、投資の世界では「**人と反対のことをした方がうまくいくことが多い**」という格言です。

現在は、ビットコインやイーサリアムといった古参の上場通貨に注目が集まりがちですが、あなたが「リスクを取りたい」という場合には、**まだ誰も注目していないよ**

うな新興の上場通貨に目を向けてみてもいいでしょう。

この章では、「**トレード**」「**ICO**」「**マイニング**」「**アービトラージ**」「**古参の上場通貨を持つ**」「**新興の上場通貨を持つ**」といった投資手法をご紹介しました。

それぞれの目的に合わせて、ポートフォリオを組み、あなたの目標資産を目指してください。

❼ 投資で失敗しないための「心がまえ」

最後に「これから投資を始めたい」というあなたのために、投資で失敗しないための「心がまえ」について、お話をしておきたいと思います。

投資を始める前に、まず問いたいのは、「**あなたはその投資について、どの程度の知識を持っていますか?**」ということです。

投資対象として、暗号通貨はオススメですが、**投資をする上で大切なのは、まずは資産を減らさないこと**です。

この章では「トレード」「ＩＣＯ」「マイニング」「アービトラージ」などの説明をさせていただきましたが、それぞれ運営母体や会社により、そのリスクは大きく前後します。中には、詐欺案件も数多く含まれています。

つまり、**あなたが持っている知識量によって、そのリスクが大きく前後してしまう**

のです。

暗号通貨投資は、他の投資と違い、多くの初心者が参入しています。

ですから、いきなり投資を始めるのではなく、まずは投資家としての心がまえを知ってほしいと思います。

「投資に絶対はない。ただ知識次第で勝率を上げることはできる」

投資すること自体は悪いことではありませんが、持ちかけられた投資話が１００％うまくいく保証はどこにもありません。

投資をするからには、損失を出す可能性があり、それは他の誰かの責任ではなく、全て自分の責任になります。

たまに投資初心者の方とお会いすると、「この人にこう言われたから」「絶対大丈夫って言われたから」といった愚痴を聞く機会があります。

こうした発言で分かることは、何事も「誰かのせい」「何かのせい」にして、自分の責任を取れない人だということです。

かく言う私も、数百万の損失を出した時は、誰かのせいにしたくて仕方ありませんでした。

人間は誰もが自分を正当化したい生き物です。

「**自分は間違ってない**」

「**自分は悪くない**」

そう思いたいのです。

例えば、プロは失敗を「誰かのせい」や「何かのせい」にするでしょうか？

プロ野球選手は「日差しがまぶしくてヒットを打てませんでした」「ストレートがくると思ったのにカーブがきたので打てませんでした」「前日のお酒が抜けてなくて」といった言い訳はしません。

これと同じで、投資の世界も、**あなたは一個人事業主であり、一投資家**です。

会社員やアルバイトのように、誰かに雇われているわけではありません。会社に守られているわけではありません。

仮に会社に雇われていれば、あなたのミスは会社が責任をとってくれるでしょう。あなたが休めば、他の誰かが穴埋めしてくれます。仕事の成績が良くなくても給料を払ってくれます。

しかし、個人事業主や個人投資家の場合、会社が守ってくれることはありません。

つまり、**あなたの資産を守るのは、あなたの知識・経験・行動だけ**なのです。

投資に絶対がない以上、**「信じるな」「疑うな」「確かめろ」が基本**です。

安易に信じるのではなく、ただただ疑うのではなく、自分自身でその情報をしっかり確かめて、何がメリットなのか、何がデメリットなのかをしっかり理解した上で投資をすることが大事になってきます。

そうすると、当たり前ですが「１００％大丈夫」とは思えないはずです。

リスクを知れば、情報感度が上がり、詐欺案件の被害にあうこともなくなっていくことでしょう。

私自身、知識を付けるのも、情報を取るのも、勉強するのも面倒くさいと思っていましたが、痛い目にあって、目が覚めました。

ちょっとうまくいったからといって、調子に乗って、安易な情報に踊らされて、物の見事に数カ月で利益を吹き飛ばしました。

最初は人のせい、世の中のせいにしていましたが、何かのせいにしていても、何もプラスはありません。


今後、暗号通貨の時代が来ます。というより、もう始まっています。

暗号通貨関連の投資では「**億り人（オクリビト）**」という「**億を稼ぎ出した人**」が数多く出ている一方で、資金を溶かしてしまった人も出てきています。

まずは、投資家としての心がまえ、一個人事業主として、一個人投資家としての意識をしっかり持ちましょう。


そして、**勉強をすることが大切**です。

最近お会いする人たちの中には、「**あの時にビットコインを買っておけばよかった**」「**ビットコインの価格が落ちて、不安になって売ってしまった**」「**どんどん上がってし**

まって買うタイミングを逃しました」という方々がいらっしゃいます。

そうした方々に話を聞くと、ビットコインに関する基礎知識すら持っていないことがほとんどです。**知識がないから、不安になってしまう**のでしょう。

暗号通貨に関する基礎知識は、本書で十分なので、その知識を基礎として、あとは投資をしながら勉強を続けて、見識を徐々に広げていっていただければと思います。


本書でお伝えしてきたとおり、暗号通貨、ブロックチェーン技術により、今まで当たり前とされてきた金融の仕組みが大きく変わろうとしています。

今までの常識を非常識にしてしまう大きな波が来ているのです。

例えば、二十数年前、インターネットの登場によって、それまでの世の中の常識は大きく変わりました。

今の時代、手紙でメッセージのやり取りをしている方はいるでしょうか？

ほとんどの方が、メールやＬＩＮＥ（ライン）ではないでしょうか？

何かを調べる時も、何かを買う時も、どこかに行く時も、インターネットは今の生活には欠かせないものになっています。

インターネットの発明により、世の中は大きく変わったのです。

そして、その**インターネットを超える発明と言われているのが、ブロックチェーンの技術**です。

実は、このブロックチェーンの技術は、今後暗号通貨だけではなく、様々な分野で取り入れられていき、インターネットがそうだったように、このブロックチェーンが世の中を大きく変えていきます。

この「時代の変わり目」を楽しみながら、しっかり資産を形成していきましょう。

最後に、本書を購入してくださったあなたへ、この言葉を贈ります。

「**最初から楽して稼げる方法はない。ただ、楽して稼げるようになるための努力を継続すれば、いずれ、いとも簡単に楽して稼ぎ続けることができる**」

おわりに

さて、以上で本書の解説を終わりますが、いかがだったでしょうか？

第1講でお金の歴史を振り返りましたが、お金は決して「不変のもの」ではありません。

物々交換から始まって、稲や布や貝殻が使われ、金銀、硬貨や紙幣を経て、やがて暗号通貨が誕生しました。

わざわざ歴史を振り返ったのは、あなたに「**お金は不変のものではない**」ということを認識していただくためです。

世の中では「暗号通貨」というと、とかく「怪しい」というイメージが先行しています。

ですが、歴史の流れを振り返ってみると、お金は不変のものではありません。

そう考えると、**通貨の暗号化、デジタル化は、ある意味、「歴史の必然」**と言えるのではないでしょうか？

暗号通貨は、お金の流れや概念を大きく変えました。

ひょっとしたら、暗号通貨から始まったブロックチェーンの技術が、お金だけでなく、今後、世の中の仕組みまでも大きく変えてしまうかもしれません。

そうした意味では、我々は「**歴史の転換点**」に生きていると言えます。

生きているうちに「お金の概念が変わる」といった経験は、そうそうできるものではありません。

大きな波が来ている中で、その波にうまく乗れれば、大きな資産を築くことも可能です。

こうした「変化の時代」に生まれ、「暗号通貨」の成長期に関われることを幸せに思いますし、1人でも多くの方に「暗号通貨」に興味を持っていただければと思っています。

もし、本書がそのきっかけになったのであれば、幸いです。

最後に、ビットコインや暗号通貨に関して「もっと詳しく知りたい」「最新情報を知りたい」と思う方は、**http://fintech-info.jp/** にアクセスしてみてください。

今後、暗号通貨に関する様々な情報を提供していきます。「**フィンテック・インフォ**」では、サイトによる情報公開だけでなく、ビットコインに関するトータルマネジメントサービスなども行っていきます。

暗号通貨を取り巻く環境は、変化が激しいため、常に最新情報を知っておくことが大切です。

まだ見ぬ読者の方々へ。

いつかあなたと直接お会いできるのを楽しみにしております。

本書を最後まで読んでいただき、ありがとうございました。

【著者紹介】
藤田篤示（ふじた・あつし）
株式会社フィンテックパートナーズ代表取締役
成蹊大学法学部卒業。東証一部上場IT商社に勤めた後、Twitterやインターネットを利用したインターネット広告事業にて独立。
2016年、仮想通貨に使われるブロックチェーン技術の可能性を感じ、仮想通貨への投資を始めて、資産を作る。2017年、情報ポータルサイト「フィンテック・インフォ」の運営を開始。情報提供サービスやビットコイン決済などのフィンテック関連事業を展開している。
ビットコインについての講義の分かりやすさが好評で、学生から経営者まで幅広い方を対象に、定期的に勉強会を実施している。

世界一やさしいビットコインの授業

初版1刷発行●2017年11月30日
3刷発行●2018年 2月 5日

著者
藤田篤示

発行者
薗部良徳

発行所
㈱産学社
〒101-0061 東京都千代田区神田三崎町2-20-7 水道橋西口会館
Tel.03(6272)9313 Fax.03(3515)3660
http://sangakusha.jp/

印刷所
㈱ティーケー出版印刷

ISBN978-4-7825-3485-4 C0033

産学社の業界大研究シリーズ

コンサルティング業界大研究［最新］	ジョブウェブコンサルティングファーム研究会／編著
鉄道業界大研究	二宮護／著
ホテル業界大研究［新版］	中村正人／著
投資銀行業界大研究［新版］	齋藤裕／著
印刷業界大研究［新版］	印刷業界研究会／編
大学業界大研究	大学経営研究会／編
金融業界大研究［第3版］	齋藤裕／著
ファッション業界大研究	オフィスウーノ／編
農業業界大研究	農業事情研究会／編
弁護士業界大研究	伊藤歩／著
物流業界大研究	二宮護／著
介護・福祉業界大研究	松田尚之／著
化粧品業界大研究	オフィスウーノ／編
家電・デジタル機器業界大研究	久我勝利／著
非鉄金属業界大研究	南正明／著
映画・映像業界大研究	フィールドワークス／著
自動車業界大研究	松井大助／著
機械・ロボット業界大研究	川上清市／著
ネット業界大研究	ネット業界研究会／編
医療業界大研究	医療業界研究会／編
化学業界大研究［改訂版］	南正明／著
石油業界大研究	南正明／著
航空業界大研究［改訂版］	中西克吉／著